Les textes, les recettes et les réalisations sont de Stéphane GLACIER.

Les photographies sont de SAEP/Jean-Luc SYREN et Valérie WALTER sous la direction artistique de Jean-Luc SYREN.

La coordination a été assurée par SAEP/Éric ZIPPER.

Composition et photogravure : SAEP/Arts Graphiques.

Impression : Union Européenne.

Conception : SAEP CRÉATION
68040 INGERSHEIM - COLMAR

CHOCOLAT,

je craque!

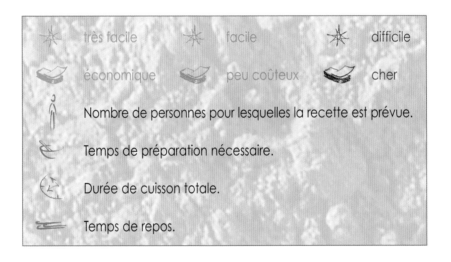

très facile   facile   difficile

économique   peu coûteux   cher

Nombre de personnes pour lesquelles la recette est prévue.

Temps de préparation nécessaire.

Durée de cuisson totale.

Temps de repos.

Veuillez trouver à travers ce livre une invitation à la découverte de 100 recettes gourmandes, à déguster à tout moment. Recettes dans lesquelles le chocolat vient susciter chez vous des désirs gourmands. Le chocolat, matière magique, est décliné ici dans de délicieuses recettes, les unes classiques, les autres originales. Toutes vous invitent à vous lancer dans la réalisation de ces gourmandises pour régaler tous les gourmands qui vous entourent.

Le tour d'horizon des desserts au chocolat de cet ouvrage vous invite à partager une passion pour la matière la plus noble utilisée en pâtisserie. Des tartes, des gâteaux, des desserts servis en verre, des cakes, des gourmandises mettent en scène le chocolat en l'alliant aux fruits, à la vanille, au café, au praliné et à bien d'autres saveurs délicieuses. Chaud, froid, glacé, coulant, moelleux, crémeux, craquant, le chocolat vous est présenté dans tous ses états à travers des recettes précises, toutes plus gourmandes les unes que les autres. Alors, toutes et tous à vos cuisines pour vous étonner et vous régaler, et vive le chocolat !

LA FABRICATION
et la composition du chocolat

Il existe de nombreuses variétés de cacaoyers, mais seules trois d'entre elles sont utilisées pour la fabrication du cacao : les criollos, les trinitarios et les forasteros. Les deux premières donnent des cacaos longs et fins en bouche. Elles fournissent 5 à 20 % de la production mondiale. Les forasteros, plus communs, en fournissent 70 à 75 %. Chaque terroir donne aux fèves des qualités aromatiques particulières : fortes à Madagascar, acides à Ceylan, fumées au Brésil...

Depuis 2000, le Conseil et le Parlement européens ont adopté une nouvelle réglementation autorisant, dans tous les pays de l'Union Européenne, la fabrication et la commercialisation de chocolats comprenant des matières grasses végétales autres que le beurre de cacao. Il est évidemment préférable de n'utiliser que du chocolat pur beurre de cacao.

Le chocolat noir est composé de ce que l'on appelle la masse ou la pâte de cacao, de beurre de cacao et de sucre. La masse est obtenue en décortiquant, en concassant et en torréfiant les fèves de cacao contenues dans les cabosses. Une partie de la pâte de cacao est utilisée pour la fabrication du chocolat, l'autre est pressée afin d'en extraire le beurre. On obtient ainsi un tourteau qui est transformé en poudre de cacao.

Le pourcentage inscrit sur le papier d'emballage indique la quantité de pâte de cacao présente dans un chocolat. Ce pourcentage détermine en grande partie le goût et la consistance des desserts et des gâteaux. Une recette contenant du chocolat doit toujours indiquer son pourcentage de cacao. Un chocolat noir a un goût puissant et des saveurs qui varient en fonction des crus de cacao utilisés pour sa fabrication. En effet, de même que pour les vins, certains terroirs se distinguent pour leur typicité donnant des crus de très bonne qualité. Ainsi, celui de Chuao, au Venezuela, est connu de tous les professionnels.

Aux trois matières de base (pâte de cacao, beurre de cacao, sucre) est ajouté du lait en poudre pour la fabrication du chocolat au lait.

Un chocolat blanc ne contient pas de pâte de cacao. Il est composé de beurre de cacao, de sucre et de lait. Les puristes ne le considèrent pas comme un chocolat.

LE TRAVAIL DU CHOCOLAT

Le chocolat est composé en grande partie de beurre de cacao contenant des molécules (composants) qui ne fondent et ne durcissent pas aux mêmes températures. Aussi, le chocolat est difficile à travailler. Il est important de respecter les températures de fonte et de travail afin d'obtenir des chocolats ou des décors brillants, craquants et à la texture fine.

LE TEMPÉRAGE DU CHOCOLAT
La température de fonte du chocolat doit être de 45 °C. Il doit être liquide. Pour cela, il est possible de procéder de deux manières.
• Fondre le chocolat au bain-marie en veillant à ce que la vapeur d'eau retombe le moins possible dans le chocolat. Il convient donc de maintenir un feu doux durant toute la cuisson. En effet, l'humidité nuit à la qualité du chocolat. Elle le rend plus épais.
• Dans un récipient, fondre le chocolat haché au micro-ondes à puissance moyenne pendant 1 à 2 minutes. Mélanger avec une spatule en bois et renouveler l'opération jusqu'à ce que le chocolat soit bien fondu.

Dans les deux cas, le refroidir à 26-27 °C en le versant sur une plaque de marbre ou un plateau métallique et le travailler avec une spatule afin d'obtenir une température constante pour l'ensemble de la masse de chocolat et une consistance homogène. Le chocolat est alors froid au toucher. Le réchauffer ensuite pour atteindre une température de travail. Pour cela, utiliser un sèche-cheveux ou le four à micro-ondes par laps de temps de 10 secondes. La température à atteindre est de 28 °C pour le chocolat blanc, de 30 °C pour le chocolat au lait et de 32 °C pour le chocolat noir.
Le chocolat est alors prêt à être utilisé pour réaliser des décors, des moulages ou tremper des bonbons au chocolat, des aiguillettes d'orange, etc.

Lorsque le chocolat est tempéré, le conserver à la température de travail tout le temps de la recette. La température ambiante idéale est de 20 à 24 °C.

Un climat trop humide est mauvais pour la conservation et le travail du chocolat. L'humidité blanchit le chocolat.

Les chocolats ne doivent pas être conservés au réfrigérateur sauf par chaleur excessive car le froid modifie les arômes du chocolat.

	Chocolat blanc	Chocolat au lait	Chocolat noir
T° de fonte	45 °C	45 °C	45 °C
T° de refroidissement	26-27 °C	26-27 °C	26-27 °C
T° de travail	28 °C	30 °C	32 °C
T° ambiante	20 à 24 °C	20 à 24 °C	20 à 24 °C

VOCABULAIRE
et chocolat

LES INGRÉDIENTS

Le chocolat noir à 60 %, à 70 % ou à 50 % de cacao
Le pourcentage de cacao spécifié dans le chocolat à utiliser dans telle ou telle recette va définir à la fois le goût et la consistance de vos desserts. Ces précisions sont donc importantes et à respecter scrupuleusement.

Le chocolat au lait est composé de pâte de cacao, de beurre de cacao, de sucre et de poudre de lait. Il est plus doux et plus sucré que le chocolat noir.

Le chocolat blanc est un mélange de beurre de cacao, de sucre et de poudre de lait. Il se marie bien avec les fruits. Les puristes ne le considèrent pas comme du chocolat puisqu'il ne contient pas de pâte de cacao.

Le beurre de cacao est la matière grasse contenue dans la fève de cacao. Il entre dans la composition du chocolat et lui assure sa texture cassante et craquante et son aspect brillant.

Le cacao amer en poudre est extrait du cacao. Il est pur et ne contient pas de sucre.

Le praliné est une pâte obtenue en broyant des fruits secs (amandes ou noisettes) qui auront été caramélisés avec du sucre.

La pâte à tartiner est une pâte au chocolat et aux noisettes obtenue par un mélange de chocolat, de pâte de noisette, de sucre et de matières grasses végétales.

La crème fraîche liquide utilisée dans de nombreuses recettes doit contenir 35 % de matières grasses environ. L'utilisation de crème allégée ne convient pas et remet en cause la réussite des recettes.

LE MATÉRIEL

La fourchette à tremper est une petite fourchette spéciale utilisée pour tremper certaines gourmandises dans le chocolat.

La poche à douille est aujourd'hui le plus souvent en plastique et jetable. Elle est utilisée pour la fabrication ou le décor de nombreux produits.

La maryse est une spatule dont l'extrémité est souple et facilite les mélanges homogènes.

Le four à micro-ondes est devenu un outil indispensable et parfaitement adapté au travail du chocolat.

Les moules à gâteaux ont connu ces dernières années une résurrection avec l'apparition des moules souples en silicone, facile à utiliser, à nettoyer et qui s'utilisent aussi bien en cuisson qu'en congélation.

Les ustensiles et les récipients sont aujourd'hui le plus souvent en inox et en plastique. Fini le bois et l'aluminium, hygiène oblige.

6 20 25 30

Les amandes caramélisées :
2 cuil. à soupe de sucre en poudre
100 g d'amandes effilées.

La crème au « chocolat café » :
40 cl de crème fraîche liquide
20 g de grains de café
5 jaunes d'œufs
40 g de sucre en poudre
150 g de chocolat au lait
150 g de chocolat noir à 70 % de cacao.

La chantilly au café :
20 cl de crème fraîche liquide
1 cuil. à café de café soluble
1 cuil. à soupe de sucre en poudre.

LA COUPE ALLIANCE
chocolat-café

Préparer les amandes caramélisées : dans une petite casserole, faire bouillir 2 cuillerées à soupe d'eau avec le sucre. Verser ce sirop sur les amandes effilées et mélanger. Étaler ces amandes sur une feuille de papier sulfurisé disposée sur la plaque du four.

Cuire au four à 180 °C (th. 6) pendant 15 minutes en mélangeant les amandes deux ou trois fois pendant la cuisson. Laisser refroidir et réserver.

Préparer la crème au « chocolat café » : dans une casserole, faire bouillir la crème avec les grains de café concassés. Battre les jaunes d'œufs avec le sucre. Verser la crème au café sur les jaunes. Remettre le tout dans la casserole et cuire à feu doux en mélangeant avec une spatule jusqu'à ce que la crème épaississe. Elle ne doit pas bouillir. En filtrant à travers une petite passoire, verser cette préparation sur le chocolat au lait et le chocolat noir préalablement râpés. Mélanger. Couvrir la crème avec un film et laisser refroidir.

Préparer la crème Chantilly : dans un saladier, mélanger la crème avec le café soluble et le sucre. Placer pendant 30 minutes au réfrigérateur et fouetter de manière à obtenir une crème Chantilly.

Dans des coupes, mettre 1 cuillerée à soupe d'amandes effilées caramélisées. Verser de la crème au chocolat jusqu'aux deux tiers de la coupe puis verser la crème Chantilly au café. Lisser avec un couteau et décorer avec quelques amandes caramélisées.

Ce dessert doit être servi bien frais et peut être accompagné d'un café.

6 35 10 24 h

La crème blanche :
40 cl de crème fraîche liquide
1 gousse de vanille
120 g de chocolat blanc.

Le biscuit :
6 biscuits à la cuiller (boudoirs)
60 g de framboises
40 g de sucre en poudre.

La garniture :
1 pot de confiture de pétales
de rose.

Le décor :
12 beaux pétales de rose
1 blanc d'œuf
100 g de sucre cristallisé.

LA COUPE BLANCHE
à la confiture de rose

Préparer la crème blanche : la veille, faire bouillir dans une casserole la crème avec la gousse de vanille fendue et grattée puis verser sur le chocolat blanc préalablement râpé. Couvrir avec un film plastique et réserver au réfrigérateur jusqu'au lendemain.

Préparer les biscuits : dans une casserole, cuire jusqu'à ébullition tous les ingrédients avec 3 cuillerées à soupe d'eau puis filtrer à travers une petite passoire. Laisser refroidir.

Préparer le décor : à l'aide d'un pinceau, badigeonner très délicatement les pétales de rose avec le blanc d'œuf puis les passer dans le sucre.

Garnir le fond de 6 jolies coupes avec 3 ou 4 morceaux de biscuit imbibés de sirop de framboise. Monter la crème blanche en chantilly puis garnir les coupes à mi-hauteur. Garnir avec 1/2 cm de confiture de pétales de rose. Finir de garnir avec la crème blanche. Glacer le dessus des coupes avec de la confiture de pétales de rose puis décorer avec les pétales de rose cristallisés.

Veiller à ce que le film plastique soit en contact avec la crème afin d'éviter la formation d'une croûte qui la rendrait granuleuse.

6 40 20

LA COUPE
au chocolat noir et sa crème anglaise au poivre de Sichuan

Les croustillants en pâte Filo :
6 feuilles de pâte Filo
100 g de beurre
2 cuil. à soupe de sucre glace
1 cuil. à soupe de cacao amer en poudre.

La crème pâtissière au chocolat :
4 jaunes d'œufs
125 g de sucre en poudre
1 cuil. à soupe de fécule de maïs
50 cl de lait
1 noix de beurre
110 g de chocolat noir à 60 % de cacao.

La crème anglaise au poivre de Sichuan :
15 cl de lait
15 cl de crème fraîche liquide
2 cuil. à café de poivre de Sichuan
3 jaunes d'œufs
80 g de sucre en poudre.

Préparer les croustillants : sur une plaque à four recouverte d'une feuille de papier sulfurisé, étaler une feuille de pâte Filo. À l'aide d'un pinceau, l'enduire de beurre préalablement fondu. Recouvrir d'une deuxième feuille de pâte Filo. Beurrer à nouveau. Recouvrir avec une troisième feuille de pâte Filo. Beurrer à nouveau puis saupoudrer de sucre glace et de cacao en poudre. Sur une autre plaque à four, procéder de la même façon avec les trois feuilles de pâte Filo restantes.

Cuire au four 10 minutes à 200 °C (th. 6-7). Sortir du four et laisser refroidir.

Préparer la crème pâtissière au chocolat : battre les jaunes d'œufs avec le sucre et la fécule de maïs. Faire bouillir le lait dans une casserole et en verser la moitié sur les jaunes. Reverser le tout dans la casserole puis cuire à feu modéré jusqu'à ébullition. Continuer la cuisson 1 minute après ébullition. Ajouter le beurre et le chocolat préalablement râpé. Mélanger pour obtenir une crème lisse. Verser la crème dans un plat, la recouvrir d'un film plastique puis laisser refroidir.

Préparer la crème anglaise au poivre de Sichuan : dans une casserole, faire bouillir ensemble le lait, la crème et le poivre de Sichuan préalablement concassé. Battre les jaunes avec le sucre en poudre. Y verser le mélange de lait, de crème et de poivre. Remettre le tout dans la casserole et faire cuire à feu doux jusqu'à épaississement de la crème. Elle ne doit pas bouillir. La verser dans un saladier en la filtrant à travers une petite passoire. Couvrir avec un film plastique. Laisser refroidir puis conserver au réfrigérateur.

Dans de jolies coupes, verser 1 cm de crème anglaise. Ajouter de la crème au chocolat après l'avoir fouettée légèrement pour la lisser. Essayer de donner du volume à la présentation. Napper de crème anglaise. Concasser les croustillants de pâte Filo et décorer les coupes avec les éclats obtenus.

Le poivre de Sichuan est une épice et non un poivre. La précision du dosage est moins importante que pour une épice.
Veiller à ce que le film plastique soit en contact avec la crème afin d'éviter la formation d'une croûte qui la rendrait granuleuse.

6 40 10 24 h

LA COUPE EXOTIQUE

La crème au chocolat blanc passion :
35 cl de crème fraîche liquide
80 g de chocolat blanc
2 fruits de la passion.

La salade de fruits exotiques :
1 petit ananas Victoria
1 mangue bien mûre
3 cuil. à soupe de sucre
en poudre
1 gousse de vanille.

Les éclats de chocolat noir :
300 g de chocolat noir à 60 %
de cacao.

La veille, préparer la crème au chocolat blanc passion : dans une casserole, faire bouillir la crème et la verser sur le chocolat blanc préalablement râpé. Couper les fruits de la passion. Prélever la pulpe à l'aide d'une cuillère. Ajouter la pulpe à la crème de chocolat blanc. Mélanger puis couvrir avec un film plastique. Réserver au réfrigérateur jusqu'au lendemain.
Éplucher l'ananas. Le couper en petits cubes.
Éplucher la mangue et couper la chair en petits cubes de la taille de ceux de l'ananas.
Mettre le tout dans un saladier, verser le sucre en poudre. Ajouter la gousse de vanille fendue et grattée. Bien mélanger et réserver au réfrigérateur.
Préparer les éclats de chocolat : faire fondre et tempérer le chocolat (p. 10). L'étaler sur une feuille de papier sulfurisé ou sur une feuille de plastique la plus fine possible. Laisser refroidir et durcir à température ambiante.
Sur un plateau, retourner le papier avec le chocolat et mettre au réfrigérateur 30 minutes.
Assemblage du dessert : dans de jolies coupes, déposer 2 cuillerées à soupe de salade de fruits exotiques. Fouetter la crème au chocolat blanc passion jusqu'à obtention d'une chantilly. Garnir les coupes avec de la crème au chocolat blanc passion et la parsemer d'éclats de chocolat noir jusqu'à 1/2 cm du bord. Finir de remplir la coupe avec de la salade de fruits après l'avoir égouttée.
Décorer avec un éclat de chocolat.

Veiller à ce que le film plastique soit en contact avec la crème afin d'éviter la formation d'une croûte qui la rendrait granuleuse.
Ce dessert doit être servi très frais.

6   40   15   90

LA COUPE MARRON
et chocolat

La crème au chocolat au lait :
30 cl de crème fraîche liquide
80 g de chocolat au lait
20 g de chocolat noir.

La chantilly au marron :
30 cl de crème fraîche liquide
100 g de crème de marrons
vanillée.

La pâte à décor :
60 g de beurre
60 g de sucre glace
2 blancs d'œufs
60 g de farine.

La garniture :
Une vingtaine de beaux marrons glacés.

Préparer la crème au chocolat au lait : dans une casserole, faire bouillir la crème et la verser sur le chocolat au lait et le chocolat noir préalablement râpés. Couvrir avec un film plastique et passer au congélateur pendant environ 1 heure 30 minutes jusqu'à ce que la crème soit très froide. Fouetter jusqu'à obtention d'une crème Chantilly moelleuse.

Préparer la chantilly au marron : dans un saladier, monter la crème fraîche très froide jusqu'à obtention d'une chantilly. Incorporer la crème de marrons à l'aide d'une spatule en bois. Couvrir avec un film plastique et réserver au réfrigérateur.

Préparer la pâte à décor : dans un saladier, mélanger à l'aide d'une spatule le beurre bien ramolli avec le sucre glace. Ajouter les blancs d'œufs puis la farine tamisée.

Étaler cette pâte finement sur une feuille de papier sulfurisé. Recouvrir avec une autre feuille de papier sulfurisé. Appliquer en appuyant légèrement avec la main.

Faire cuire 15 minutes au four à 180 °C (th. 6). Sortir du four et mettre la pâte en forme de manière à obtenir un froissé. Laisser refroidir.

Dans de jolies coupes, déposer au fond un demi-marron glacé. Garnir la moitié de la coupe avec de la crème au chocolat au lait. Disposer une couche de marrons glacés préalablement concassés et finir de garnir les coupes à la cuillère avec de la chantilly au marron en donnant un effet de crépi.

Décorer avec un motif en pâte à cigarette et un demi-marron glacé.

En cuisant entre 2 feuilles de papier sulfurisé, la pâte à cigarettes donne un effet dentelé.
Ce dessert doit être servi très frais. Le décor doit être placé au dernier moment afin que la pâte ne ramollisse pas.

8   30   20

Le pain d'épice :
4 tranches de pain d'épice
2 cuil. à soupe de beurre
2 cuil. à soupe de sucre en poudre.

La crème au chocolat au quatre-épices :
20 cl de crème fraîche liquide
2 jaunes d'œufs
20 g de sucre en poudre
80 g de chocolat au lait
70 g de chocolat noir à 60 % de cacao
1/2 cuil. à café de mélange quatre-épices.

LA CRÈME
au chocolat au lait au pain d'épice

Préparer les dés de pain d'épice rôtis : couper les 4 tranches de pain d'épice en petits dés. Dans une poêle, faire fondre le beurre. Lorsqu'il est bien chaud, ajouter les dés de pain d'épice, les saupoudrer de sucre et les poêler jusqu'à ce qu'ils soient caramélisés et croustillants. Les verser dans un plat et les laisser refroidir.

Préparer la crème au chocolat au quatre-épices : dans une casserole, faire bouillir la crème fraîche. Battre les jaunes d'œufs avec le sucre. Y verser la crème fraîche. Reverser le tout dans la casserole et cuire à feu doux en remuant avec une spatule en bois jusqu'à épaississement de la crème. Elle ne doit pas bouillir. Verser la crème cuite sur le chocolat au lait et le chocolat noir préalablement râpés. Mélanger afin d'obtenir une crème lisse puis ajouter le mélange quatre-épices. Verser dans un plat, recouvrir avec un film plastique et laisser refroidir.

Remplir la moitié de 8 verres avec les dés de pain d'épice et ajouter la crème au chocolat aux épices. Décorer avec quelques dés de pain d'épice.

8 40 25 90

La confiture de fruits rouges :
50 g de groseilles
100 g de fraises
125 g de framboises
200 g de sucre en poudre.

Le crémeux au chocolat blanc :
35 cl de crème fraîche liquide
80 g de chocolat blanc.

Les biscuits :
40 g de sucre en poudre
1 cuil. à soupe de kirsch
6 biscuits boudoirs.

Le décor :
1 tablette de chocolat noir
Quelques framboises.

LE CRÉMEUX
au chocolat blanc et aux fruits rouges

Préparer la confiture de fruits rouges : égrapper les groseilles, équeuter les fraises puis laver tous les fruits rouges.
Les cuire avec le sucre à feu doux dans une casserole. Porter à ébullition. Poursuivre la cuisson pendant encore 10 minutes. Verser la préparation dans un plat pour la refroidir.
Préparer le crémeux : dans une casserole, faire bouillir 15 cl de crème fraîche liquide puis la verser sur le chocolat blanc préalablement râpé. Mélanger énergiquement à l'aide d'un fouet. Dans un saladier, fouetter le reste de crème fraîche très froide pour obtenir une chantilly puis l'incorporer au premier mélange. Couvrir avec un film plastique et réserver au réfrigérateur.
Préparer les biscuits : dans une casserole, faire bouillir 5 cuillerées à soupe d'eau avec le sucre. Verser dans un plat. Laisser refroidir, ajouter le kirsch. Couper les biscuits en 3 ou 4 morceaux puis les imbiber en les trempant dans le sirop.
Assemblage du dessert : garnir le fond de 8 verres avec 3 ou 4 morceaux de biscuits imbibés. À l'aide d'une poche à douille ou d'une cuillère, ajouter 1 cm de confiture de fruits rouges puis remplir au ras du verre avec le crémeux au chocolat blanc.
Réaliser le décor : faire des copeaux de chocolat avec un économe.
Sur chaque verre, poser des copeaux de chocolat et une framboise.

Veiller à ce que le film plastique soit en contact avec la crème afin d'éviter la formation d'une croûte qui la rendrait granuleuse.

6 30 30

Le crumble au chocolat :
50 g de beurre
2 cuil. à soupe de sucre en poudre
50 g de farine
1 cuil. à soupe rase de cacao amer en poudre.

La crème au chocolat :
15 cl de lait
10 cl de crème fraîche liquide
2 jaunes d'œufs
40 g de sucre en poudre
140 g de chocolat noir à 70 % de cacao.

La fraîcheur à la menthe :
10 cl de lait
10 cl de crème fraîche liquide
4 feuilles de menthe
2 jaunes d'œufs
50 g de sucre en poudre.

Le décor :
Quelques feuilles de menthe.

LA FRAÎCHEUR
de chocolat à la menthe

Préparer le crumble au chocolat : dans un saladier, ramollir le beurre en le malaxant à la main. Ajouter le sucre. Mélanger à nouveau puis ajouter la farine tamisée avec le cacao amer en poudre. Mélanger jusqu'à obtention de miettes de pâte. Disposer la pâte à crumble sur une plaque à four recouverte d'un papier sulfurisé.
Cuire au four à 180 °C (th. 6) pendant 20 minutes. Sortir du four et laisser refroidir.
Préparer la crème au chocolat : dans une casserole, faire bouillir le lait et la crème. Battre les jaunes d'œufs avec le sucre. Y verser la crème et le lait. Reverser le tout dans la casserole. Cuire à feu moyen en remuant avec une spatule en bois jusqu'à ce que la crème épaississe. Elle ne doit pas bouillir. Verser la crème cuite sur le chocolat préalablement râpé. Mélanger pour obtenir une crème lisse. Verser dans un plat et recouvrir avec un film plastique. Laisser refroidir.
Préparer la fraîcheur à la menthe : dans une casserole, faire bouillir le lait, la crème et les feuilles de menthe. Battre les jaunes d'œufs avec le sucre. Y verser le mélange lait, crème et feuilles de menthe. Reverser le tout dans la casserole et cuire à feu doux jusqu'à ce que la crème épaississe. Elle ne doit pas bouillir. Verser la crème dans un saladier en la filtrant à travers une petite passoire. La recouvrir avec un film plastique et laisser refroidir. Réserver au réfrigérateur.
Dresser les verres : remplir 6 verres au tiers de leur hauteur avec du crumble au chocolat. À l'aide d'une poche à douille, ajouter la crème au chocolat aux trois quarts puis finir de remplir les verres avec de la crème « fraîcheur à la menthe ». Décorer avec quelques miettes de crumble au chocolat et une feuille de menthe.

Il faut dresser les verres peu de temps avant le repas pour que la crème au chocolat ne ramollisse pas trop le crumble.

28

8   40   30   45

Le crumble :
50 g de beurre
2 cuil. à soupe de sucre
en poudre
60 g de farine.

Le crémeux au chocolat :
15 cl de lait
10 cl de crème fraîche liquide
2 jaunes d'œufs
40 g de sucre en poudre
140 g de chocolat noir à 70 %
de cacao.

La crème Chantilly chocolat au
lait :
30 cl de crème fraîche liquide
100 g de chocolat au lait.

LA NUANCE
au chocolat au lait et
au chocolat noir

Préparer le crumble : dans un saladier, malaxer le beurre à la main, ajouter le sucre puis la farine. Mélanger jusqu'à obtenir des miettes de pâte. Disposer le crumble sur une plaque à four recouverte de papier sulfurisé.

Cuire au four à 180 °C (th. 6) pendant 20 minutes. Sortir du four et laisser refroidir.

Préparer le crémeux au chocolat : dans une casserole, faire bouillir le lait et la crème. Battre les jaunes d'œufs avec le sucre. Y verser la crème et le lait. Reverser le tout dans la casserole et cuire à feu doux en remuant avec une spatule en bois jusqu'à ce que la crème épaississe. Elle ne doit pas bouillir. Verser la crème sur le chocolat préalablement râpé. Mélanger jusqu'à obtention d'une consistance lisse. Verser dans un plat, recouvrir avec un film plastique et laisser refroidir.

Préparer la crème Chantilly chocolat au lait : dans une casserole, faire bouillir la crème et la verser sur le chocolat préalablement râpé. Mélanger puis recouvrir la crème avec un film plastique. La mettre au congélateur pendant 45 minutes puis la monter en chantilly à l'aide d'un batteur électrique. Réserver au réfrigérateur.

Dresser les verres : disposer dans chacun des 8 verres 1 cuillerée à soupe de crumble. À l'aide d'une poche à douille, remplir les verres aux trois quarts avec le crémeux au chocolat. À l'aide d'une autre poche à douille, finir de garnir les verres en faisant une grosse rosace de crème Chantilly chocolat au lait.

6   40   35   24 h

La crème au chocolat au lait :
30 cl de crème fraîche liquide
100 g de chocolat au lait.

Le riz au lait :
40 g de riz rond
20 cl de lait
40 g de sucre en poudre
Le zeste de 1 orange.

La crème anglaise :
10 cl de lait
10 cl de crème fraîche liquide
Le zeste de 1 orange
1 gousse de vanille
2 jaunes d'œufs
50 g de sucre en poudre.

Le décor :
Quelques écorces d'oranges
confites.

LE RIZ AU LAIT
à l'orange et au chocolat au lait

Préparer la crème au chocolat au lait : la veille, faire bouillir la crème et la verser sur le chocolat préalablement râpé. Couvrir avec un film plastique et réserver au réfrigérateur toute la nuit.

Préparer le riz au lait : dans une casserole d'eau salée portée à ébullition, ébouillanter le riz pendant 5 minutes puis l'égoutter et le rincer à l'eau.

Faire chauffer ensemble dans une autre casserole le lait, le sucre et le zeste d'orange. À ébullition, ajouter le riz et cuire à feu moyen pendant 25 minutes. Réserver.

Préparer la crème anglaise : dans une casserole, faire bouillir le lait, la crème, le zeste d'orange et la gousse de vanille fendue et grattée. Battre les jaunes d'œufs avec le sucre. Les verser dans la casserole. Cuire à feu doux en mélangeant avec une spatule jusqu'à ce que la crème épaississe. Elle ne doit pas bouillir. Filtrer la crème à travers une petite passoire et la laisser refroidir. Quand la crème est froide, ajouter le riz et mélanger.

Garnir des verres à mi-hauteur de riz au lait à l'orange. Au moment de servir, monter la crème au chocolat au lait avec un batteur électrique jusqu'à obtenir une consistance mousseuse. La verser dans les verres.

Décorer avec des écorces d'oranges confites.

Ce dessert doit être servi très frais.
Il est important que le film alimentaire soit en contact avec la crème chocolat lorsque celle-ci repose au réfrigérateur afin d'empêcher la formation d'une croûte qui la rendrait granuleuse.

8 30 15 90

LES TROIS CHOCOLATS

La crème au chocolat noir :
20 cl de crème fraîche liquide
50 g de chocolat noir à 70 % de cacao.

La crème au chocolat au lait :
20 cl de crème fraîche liquide
70 g de chocolat au lait.

La crème au chocolat blanc :
20 cl de crème fraîche liquide
80 g de chocolat blanc.

Les biscuits :
100 g de sucre en poudre
1 cuil. à soupe de cacao amer en poudre
8 biscuits à la cuiller.

Préparer la crème au chocolat noir : dans une casserole, faire bouillir la crème fraîche et verser sur le chocolat préalablement râpé. Mélanger et mettre au congélateur 45 minutes environ. La monter à l'aide d'un batteur électrique pour obtenir une crème Chantilly. Arrêter quand la crème est moelleuse mais pas trop ferme. Réserver au réfrigérateur.

Préparer la crème au chocolat au lait : dans une casserole, faire bouillir la crème fraîche et la verser sur le chocolat au lait préalablement râpé. Mélanger puis mettre au congélateur 45 minutes environ. Monter à l'aide d'un batteur électrique pour obtenir une crème Chantilly. Arrêter quand la crème est moelleuse mais pas trop ferme. Réserver au réfrigérateur.

Préparer la crème au chocolat blanc : dans une casserole, faire bouillir la crème fraîche et la verser sur le chocolat blanc préalablement râpé. Mélanger puis mettre au congélateur 45 minutes environ. Monter à l'aide d'un batteur électrique pour obtenir une chantilly assez ferme. Réserver au réfrigérateur.

Préparer les biscuits : dans une casserole, faire bouillir 10 cl d'eau et le sucre. Ajouter le cacao amer en poudre puis verser dans un petit saladier. Laisser refroidir.

Tremper les biscuits coupés en trois et les poser sur une assiette ou un plateau.

Dresser les verres : dans des verres, disposer 3 ou 4 morceaux de biscuits imbibés. Les remplir à moitié avec de la crème au chocolat noir. Les passer 15 minutes au congélateur. Remplir les verres quasiment à ras bord avec de la crème au chocolat au lait. Passer à nouveau les verres 15 minutes au congélateur. Garnir les verres avec de la crème au chocolat blanc et finir en formant une rosace à l'aide d'une poche à douille.

La crème au chocolat noir ainsi que la crème au chocolat au lait doivent être relativement souples tandis que la crème au chocolat blanc doit être beaucoup plus ferme pour bien tenir au sommet du verre.

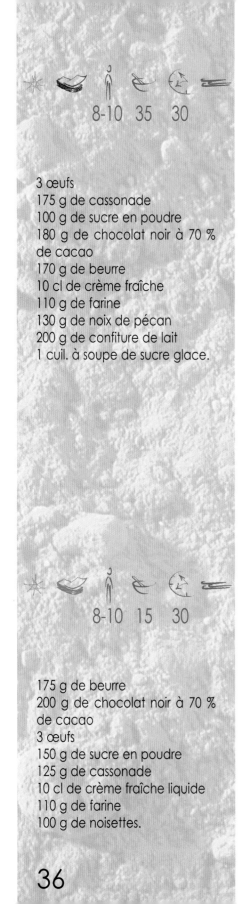

8-10　35　30

3 œufs
175 g de cassonade
100 g de sucre en poudre
180 g de chocolat noir à 70 %
de cacao
170 g de beurre
10 cl de crème fraîche
110 g de farine
130 g de noix de pécan
200 g de confiture de lait
1 cuil. à soupe de sucre glace.

8-10　15　30

175 g de beurre
200 g de chocolat noir à 70 %
de cacao
3 œufs
150 g de sucre en poudre
125 g de cassonade
10 cl de crème fraîche liquide
110 g de farine
100 g de noisettes.

LES BROWNIES
fourrés à la confiture de lait

Dans un saladier, battre les œufs, la cassonade et le sucre jusqu'à ce que le mélange soit mousseux. Incorporer le chocolat et le beurre fondus. Mélanger puis ajouter la crème fraîche. Incorporer la farine tamisée puis 100 g de noix de pécan grossièrement hachées. Mélanger. Beurrer et fariner un moule à gâteau rond ou carré puis y verser la pâte. Cuire au four à 180 °C (th. 6) pendant 30 minutes. Sortir du four, laisser refroidir et démouler.

Quand le brownie est bien froid, le couper en deux dans le sens de l'épaisseur avec un couteau-scie. Étaler sur la première épaisseur 130 g de confiture de lait. Recouvrir avec la deuxième partie du brownie.

À la manière d'un glaçage, étaler sur le dessus du brownie avec une cuillère à soupe le reste de confiture de lait légèrement ramollie au bain-marie.

Décorer avec le reste des noix de pécan et saupoudrer de sucre glace.

Le brownie est idéal pour les goûters des enfants.

LES BROWNIES

aux noisettes

Au bain-marie, faire fondre ensemble le beurre et le chocolat. Dans un saladier, battre les œufs, le sucre et la cassonade jusqu'à ce que le mélange soit mousseux. Y incorporer le chocolat et le beurre fondus. Mélanger puis ajouter la crème fraîche. Incorporer la farine préalablement tamisée. Hacher les noisettes. Les faire griller. Les ajouter au mélange précédent. Mélanger. Beurrer et fariner un moule rectangulaire de 20 x 30 cm. Y verser la préparation. Cuire au four à 180 °C (th. 6) pendant 20 minutes. Sortir du four. Laisser refroidir et démouler.

Le brownie ne doit pas être trop cuit afin qu'il reste moelleux à l'intérieur.

LES COOKIES

15 15

Dans un saladier, travailler le beurre ramolli avec une spatule, y incorporer la cassonade et le sel puis mélanger.
Ajouter le jaune d'œuf. Mélanger à nouveau.
Ajouter la farine et la levure tamisées ensemble. Mélanger puis ajouter les noix hachées et le chocolat râpé finement. Sur une plaque à four beurrée et farinée, disposer des petites boules de pâte faites à l'aide d'une cuillère à soupe. Bien les espacer. Cuire au four pendant 15 minutes à 180 °C (th. 6).

Plus les cookies sont frais, meilleurs ils sont.

Pour 8 à 10 cookies :
125 g de beurre
60 g de cassonade
1 jaune d'œuf
125 g de farine
1/2 sachet de levure chimique
50 g de noix hachées
100 g de chocolat noir à 60 % de cacao
Une pincée de sel.

37

LES FLORENTINS

Les florentins :
10 cl de crème fraîche liquide
70 g de sucre en poudre
40 g de beurre
30 g de miel
40 g de farine
40 g d'écorces d'orange confites
20 g de fruits confits
100 g d'amandes effilées.

Le décor :
300 g de chocolat noir à 70 % de cacao.

Préparer les florentins : dans une casserole, faire bouillir la crème fraîche, le sucre, le beurre et le miel. Une fois à ébullition, continuer à faire cuire 3 à 4 minutes puis ajouter la farine. Hacher les écorces d'orange et les fruits confits. Les ajouter au mélange précédent puis incorporer les amandes effilées. Mélanger à l'aide d'une spatule en bois. Dans des moules flexibles en silicone ronds (ou des moules à tartelette beurrés et farinés), déposer une cuillerée à soupe de mélange à « florentin ». Cuire 15 minutes au four à 200 °C (th. 6-7).

Préparer le décor : faire fondre et tempérer (p. 10) le chocolat noir. Étaler 2 mm de chocolat noir tempéré sur chaque florentin du côté le plus lisse.

Laisser refroidir et durcir à température ambiante.

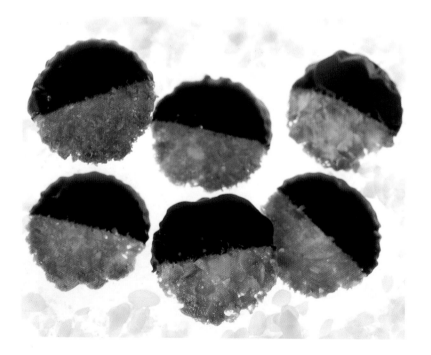

LES MACARONS
au chocolat

Préparer les macarons : dans un saladier, monter les blancs d'œufs en neige avec le sucre jusqu'à ce qu'ils soient bien fermes. Verser le sucre glace, la poudre d'amande et le cacao en poudre sur les blancs d'œufs en neige. Mélanger avec une spatule jusqu'à ce que le mélange soit souple et brillant.

Remplir une poche à douille de pâte à macaron. Sur une feuille de papier sulfurisé disposée sur la plaque du four, former des boules de 5 à 6 cm de diamètre. Tapoter légèrement la plaque du four. Cuire au four à 150 °C (th. 5) pendant 15 minutes. Sortir du four et laisser refroidir.

Préparer la ganache : faire bouillir la crème fraîche avec le miel puis la verser sur le chocolat préalablement râpé. Mélanger doucement puis ajouter le beurre en petits morceaux. Laisser refroidir.

Quand la ganache est froide, garnir chaque macaron à l'aide d'une cuillère et disposer un second macaron sur le premier.

Les macarons :
4 blancs d'œufs
30 g de sucre en poudre
250 g de sucre glace
140 g de poudre d'amande
2 cuil. à café de cacao amer en poudre.

La ganache :
25 cl de crème fraîche liquide
1 cuil. à soupe de miel
200 g de chocolat noir à 70 % de cacao
30 g de beurre.

15　10　2h

LES MADELEINES
au chocolat et à l'orange

Pour une quinzaine de madeleines :
3 œufs
125 g de sucre en poudre
Le zeste de 1 orange
160 g de farine
1/2 sachet de levure chimique
130 g de beurre
10 g de cacao amer en poudre.

Dans un saladier, battre les œufs et le sucre sans que le mélange ne devienne trop mousseux. Ajouter le zeste d'orange râpé, la farine et la levure chimique tamisées ensemble. Mélanger. Faire fondre le beurre puis le laisser tiédir avant de l'ajouter à la préparation précédente. Mélanger. Prélever un tiers de la pâte et lui ajouter le cacao amer en poudre préalablement tamisé.

Couvrir les deux pâtes à madeleines avec un film alimentaire et les réserver au réfrigérateur pendant 2 heures.

Beurrer et fariner les moules à madeleine. À l'aide d'une cuillère à soupe, les garnir aux deux tiers.

Ajouter au centre de chaque madeleine une cuillerée à café de pâte à madeleines au chocolat.

Mettre le moule à madeleines sur la grille du four. Cuire à 200 °C (th. 6-7) pendant 10 minutes.

Sortir du four et démouler aussitôt.

Il est préférable de servir les madeleines encore légèrement tièdes. Il est également possible de cuire les madeleines dans des moules flexibles en silicone.

LES MERINGUES
au chocolat

Dans un saladier, monter les blancs d'œufs en neige avec 40 g de sucre en poudre puis ajouter progressivement le reste. Les blancs en neige doivent être bien fermes. Mélanger avec une spatule en bois en incorporant progressivement le sucre glace et le cacao tamisés ensemble. Mélanger délicatement pour obtenir une consistance homogène sans faire retomber les blancs en neige.

Former de grosses meringues à l'aide d'une cuillère à soupe. Les disposer sur une feuille de papier sulfurisé placée sur la plaque du four.

Cuire au four pendant 1 heure 30 minutes à 130 °C (th. 4-5). Sortir les meringues du four et les laisser refroidir.

Veiller à ne pas ajouter le sucre en poudre trop vite dans les blancs car ils risqueraient de retomber.

Pour 8 à 10 meringues :
4 blancs d'œufs
120 g de sucre en poudre
100 g de sucre glace
2 cuil. à soupe de cacao amer en poudre.

10 35 25 90

La ganache :
7 cl de crème fraîche liquide
75 g de chocolat noir à 70 % de cacao.

Les brioches :
500 g de pâte à brioche achetée chez le pâtissier
1 œuf
100 g de chocolat noir à 60 % de cacao
Une pincée de sel.

LES BRIOCHES
fondantes au chocolat

Préparer la ganache : faire bouillir la crème fraîche et la verser sur le chocolat préalablement râpé. Mélanger pour obtenir une crème lisse. Verser dans une assiette, recouvrir d'un film alimentaire et laisser refroidir.

Quand la ganache est froide, former, sur un plateau recouvert d'un papier sulfurisé, des boules de la taille des truffes à l'aide d'une poche à douille. Placer ces boules au congélateur.

Préparer les brioches : couper la brioche en 10 morceaux de 50 g chacun. Former avec chaque morceau de brioche une boule en enfermant au centre une boule de ganache congelée.

Poser toutes les brioches sur une plaque à four recouverte d'une feuille de papier sulfurisé.

Casser l'œuf dans un bol, le fouetter et y ajouter la pincée de sel.

Badigeonner chaque brioche délicatement avec la dorure d'œuf à l'aide d'un pinceau.

Laisser reposer les brioches à température ambiante jusqu'à ce qu'elles doublent de volume (environ 1 heure 30 minutes).

Badigeonner à nouveau avec de la dorure d'œuf et saupoudrer avec le chocolat préalablement râpé finement.

Cuire au four pendant 20 minutes à 200 °C (th. 6-7).

Sortir du four et laisser refroidir.

Servir ces brioches tièdes, la ganache à l'intérieur sera coulante et fondante.

8   40   3 h

LE CHEESE CAKE
marbré au chocolat à ma façon

La crème à cheese cake :
200 g de sucre en poudre
5 jaunes d'œufs
5 feuilles de gélatine
250 g de *cream cheese*
150 g de crème fraîche épaisse
2 cuil. à soupe de cacao amer en poudre.

Les biscuits :
80 g de sucre en poudre
Le zeste de 1 orange
15 biscuits à la cuiller (boudoirs).

Le décor :
2 cuil. à soupe de confiture d'orange amère
1 orange.

Préparer la crème à *cheese cake* : dans une casserole, faire bouillir 5 cuillerées à soupe d'eau et le sucre et verser sur les jaunes d'œufs battus. Remettre le tout dans la casserole et cuire à feu doux jusqu'à la toute première ébullition. Verser dans un saladier puis battre au fouet électrique jusqu'à complet refroidissement. Mettre la gélatine à tremper dans un saladier d'eau froide. Quand les feuilles de gélatine sont ramollies, les égoutter et les faire fondre au micro-ondes 20 secondes environ. Dans un saladier, mélanger le *cream cheese* avec la crème fraîche épaisse. Ajouter ensuite le premier mélange jaunes d'œufs-sucre puis la gélatine fondue. Dans un saladier, battre la crème obtenue très froide jusqu'à obtention d'une consistance de chantilly puis l'ajouter à la préparation précédente en mélangeant délicatement. En prélever un tiers et lui ajouter le cacao amer en poudre tamisé.
Dans une casserole, faire bouillir 10 cl d'eau, le sucre et le zeste d'orange. Laisser refroidir ce sirop.
Puis en imbiber les biscuits et les déposer au fond d'un moule à gâteau ou d'un moule flexible en silicone. Garnir ensuite avec les crèmes *cheese cake* en alternant avec la crème blanche et la crème au chocolat de façon à réaliser le marbrage. Lisser le dessus en faisant attention que le marbrage soit bien apparent. Mettre 3 heures au congélateur.
Sortir le gâteau du congélateur. À l'aide d'un pinceau, glacer le dessus du gâteau avec la confiture d'orange et décorer avec des suprêmes d'orange. Servir très frais.

Pour préparer les suprêmes, couper les deux extrémités de l'orange. Avec un couteau, enlever les peaux orange et blanche au plus près de la chair. Il ne doit plus rester de peaux blanches. Toujours à l'aide d'un couteau, prélever les segments de chair entre les membranes puis les poser sur papier absorbant.
On obtient ainsi des segments d'orange sans leur peau que l'on appelle alors des suprêmes.

LE CAKE
à la noisette et au chocolat

10 20 40

Dans un saladier, à l'aide d'une spatule, mélanger le beurre ramolli avec la poudre d'amande et le sucre. Ajouter les œufs. Mélanger énergiquement pour obtenir un mélange lisse. Ajouter la farine tamisée avec la levure chimique. Mélanger.

Dans une casserole, faire bouillir le lait et le verser sur le chocolat râpé. Mélanger ce lait chocolaté à la pâte de base. Ajouter les noisettes concassées.

Beurrer et fariner un moule à cake. Y verser la pâte à cake. Cuire au four à 160 °C (th. 5-6) pendant 40 minutes. Sortir du four, démouler et laisser refroidir.

160 g de beurre
60 g de poudre d'amande
230 g de sucre en poudre
4 œufs
180 g de farine
1/2 cuil. à café de levure chimique
13 cl de lait
70 g de chocolat noir à 70 % de cacao
100 g de noisettes.

LE CAKE
à l'orange et au chocolat

6-8 15 40

Préparer le cake : dans un saladier, mélanger au fouet le beurre ramolli avec le sucre. Incorporer les œufs et mélanger. Ajouter le zeste d'orange râpé et la farine tamisée avec la levure chimique. Mélanger avec une spatule. Ajouter enfin le chocolat préalablement râpé et mélanger.

Beurrer et fariner un moule à cake. Verser la pâte à cake dans le moule. Faire cuire 40 minutes à 160 °C (th. 5).

Préparer le sirop : faire bouillir 3 cuillerées à soupe d'eau avec le sucre dans une casserole. Laisser refroidir et ajouter le jus d'orange.

À la sortie du four, démouler le cake et le badigeonner à l'aide d'un pinceau de sirop à l'orange. Laisser refroidir.

Le cake :
120 g de beurre
130 g de sucre en poudre
3 œufs
Le zeste de 1 orange
180 g de farine
1/2 sachet de levure chimique
80 g de chocolat à 70 % de cacao.

Le sirop :
50 g de sucre en poudre
Le jus de 1 orange.

8   20   35

4 œufs
90 g de beurre
195 g de sucre en poudre
80 g de poudre d'amande
1 cuil. à soupe de crème fraîche
100 g de chocolat noir à 70 %
de cacao
80 g de farine
20 g de cacao amer en
poudre.

LE GÂTEAU
au chocolat de mamie

Séparer les blancs d'œufs des jaunes. Dans un autre récipient, mélanger le beurre bien ramolli mais pas fondu avec
175 g de sucre et la poudre d'amande. Y incorporer les
jaunes d'œufs et la crème fraîche. Mélanger. Faire fondre le
chocolat. L'incorporer tiède au mélange précédent.
Mélanger pour obtenir une consistance lisse. Ajouter la farine
et le cacao amer en poudre préalablement tamisés ensemble. Mélanger avec une spatule en bois.
Dans un autre saladier, monter les blancs en neige avec les
20 g de sucre restants. Les incorporer délicatement au premier mélange. Beurrer et fariner un moule à gâteau. Y verser
la préparation.
Cuire au four à 160 °C (th. 5-6) pendant 35 minutes.
Piquer le centre du gâteau avec la lame d'un petit couteau.
Si la lame ressort propre, le gâteau est cuit.
Sortir du four, laisser refroidir puis démouler.

LE MARBRÉ
pistache-chocolat aux cerises

150 g de beurre
270 g de sucre en poudre
4 œufs
270 g de farine
1/2 sachet de levure chimique
7 cl de lait
25 g de pistaches
1 cuil. à café de kirsch
1 cuil. à soupe de cacao amer
en poudre
90 g de cerises à l'alcool.

Dans un saladier, à l'aide d'une spatule, mélanger le beurre ramolli avec le sucre. Ajouter les œufs puis mélanger énergiquement pour obtenir une consistance lisse. Ajouter la farine tamisée avec la levure chimique. Mélanger à nouveau. Ajouter le lait. Diviser la pâte en deux. Mixer au robot les pistaches jusqu'à l'obtention d'une pâte puis ajouter le kirsch. Incorporer la pâte de pistache dans l'une des deux parties de la pâte. Incorporer le cacao en poudre tamisé dans la seconde partie.
Beurrer et fariner un moule à cake. Y verser les pâtes à marbré en alternant les couches pour obtenir les marbrures. Garnir le milieu du marbré avec les cerises à l'alcool.
Cuire au four à 160 °C (th. 5-6) pendant 40 minutes.
Sortir du four. Démouler et laisser refroidir.

LE MARBRÉ
à la vanille et au chocolat

150 g de beurre
270 g de sucre en poudre
4 œufs
270 g de farine
1/2 sachet de levure chimique
7 cl de lait
1 gousse de vanille
1 cuil. à soupe de cacao amer
en poudre.

Dans un saladier, à l'aide d'une spatule, mélanger le beurre ramolli avec le sucre. Ajouter les œufs puis mélanger énergiquement pour obtenir une préparation lisse. Ajouter la farine tamisée avec la levure chimique. Mélanger puis ajouter le lait avec la gousse de vanille fendue et grattée. Prélever un tiers de cette pâte puis lui incorporer le cacao en poudre tamisé. Verser la pâte dans un moule à cake beurré et fariné en alternant la pâte blanche et la pâte au chocolat. Cuire au four à 160 °C (th. 5-6) pendant 40 minutes.
Sortir du four et démouler.

8 30 45

LE MOELLEUX À LA
noix de coco et au chocolat

Le moelleux à la noix de coco :
180 g de noix de coco râpée
180 g de sucre glace
4 œufs
60 g de farine
1/3 de sachet de levure chimique
100 g de beurre.

Le sirop :
100 g de sucre en poudre.

Le glaçage :
15 cl de lait
10 cl de crème fraîche liquide
50 g de miel
200 g de chocolat noir à 70 % de cacao
20 g de beurre.

Le décor :
50 g de noix de coco râpée.

Préparer le moelleux à la noix de coco : dans un saladier, à l'aide d'un fouet, mélanger la noix de coco râpée, le sucre glace et les œufs. Ajouter la farine tamisée avec la levure chimique. Ajouter le beurre fondu tiède et mélanger. Verser la pâte obtenue dans un moule à gâteau beurré et fariné.
Cuire dans le four à 180 °C (th. 6) pendant 40 minutes.
Sortir du four et laisser refroidir.
Préparer le sirop : faire bouillir 10 cl d'eau et le sucre ensemble puis imbiber généreusement le gâteau avec ce sirop.
Préparer le glaçage : faire bouillir ensemble le lait, la crème fraîche, le miel et verser sur le chocolat préalablement râpé. Mélanger doucement et ajouter le beurre. Utiliser ce glaçage tiède.
Verser le glaçage tiède au centre du gâteau posé sur une grille et lisser avec le dos d'un grand couteau ou une spatule.
Poser le gâteau sur un plateau et décorer avec la noix de coco râpée.

Ne pas servir ce gâteau trop froid.

8-10 15 35

190 g de poudre d'amande
190 g de sucre en poudre
4 œufs
100 g de beurre
2 cuil. à soupe de farine
70 g de chocolat noir à 70 %
de cacao.

LA TENDRESSE

Dans un saladier, mélanger à l'aide d'un fouet la poudre d'amande, le sucre en poudre et les œufs. Battre 2 ou 3 minutes pour rendre le mélange plus léger. Ajouter le beurre fondu tiède puis la farine. Mélanger à l'aide d'une spatule en bois. Ajouter ensuite le chocolat préalablement râpé.
Verser la pâte obtenue dans un moule à gâteau beurré et fariné.
Cuire au four à 180 °C (th. 6) pendant 35 minutes.
Sortir du four et laisser refroidir.

Piquer le centre avec un petit couteau pour vérifier la cuisson du gâteau. La lame doit ressortir propre.

8   20   40

180 g de poudre d'amande grise
190 g de sucre en poudre
4 œufs
110 g de beurre
60 g de farine
80 g de chocolat noir à 60 % de cacao
40 g d'amandes effilées.

LE VALENCIA

Dans un saladier, mélanger au fouet la poudre d'amande, le sucre et 2 œufs. Battre pendant 5 minutes, ajouter les 2 œufs restants puis mélanger à nouveau. Ajouter la moitié du beurre fondu bouillant, mélanger puis verser l'autre moitié. Ajouter la farine tamisée puis le chocolat préalablement râpé.
Verser cette pâte dans un moule beurré et fariné puis parsemer avec les amandes effilées.
Faire cuire au four à 160 °C (th. 5-6) pendant 40 minutes.
Sortir du four, démouler et laisser refroidir.

Ce gâteau peut être préparé avec 50 g d'écorces d'orange confites que l'on mélangera en même temps que le chocolat râpé. La poudre d'amande grise est confectionnée avec des amandes auxquelles on a laissé la peau.

6　40　20

La glace à la vanille :
4 jaunes d'œufs
100 g de sucre en poudre
50 cl de lait
20 g de poudre de lait
1 cuil. à soupe de miel
1 gousse de vanille.

La sauce au chocolat :
30 cl de lait
20 cl de crème fraîche liquide
1 cuil. à soupe de sucre en poudre
125 g de chocolat noir à 70 % de cacao.

Les raisins au rhum :
50 g de raisins
3 cuil. à soupe de rhum brun.

Les bananes caramélisées :
3 grosses bananes
1 citron
75 g de beurre
2 cuil. à soupe de sucre en poudre
1/2 cuil. à café de muscade en poudre.

LES BANANES
caramélisées à la noix de muscade et au chocolat

Préparer la glace à la vanille : battre les jaunes d'œufs avec le sucre. Faire bouillir le lait, la poudre de lait, le miel et la gousse de vanille fendue. Verser le tout sur les jaunes. Reverser le tout dans la casserole hors du feu. Cuire à feu doux jusqu'à ce que la crème épaississe. Elle ne doit pas bouillir. Verser la crème dans un saladier en la filtrant à travers une petite passoire. Couvrir avec un film plastique. Laisser refroidir. Quand la crème est froide, la faire prendre dans une sorbetière.

Préparer la sauce au chocolat : faire bouillir le lait, la crème fraîche et le sucre. En verser un tiers sur le chocolat préalablement râpé. Mélanger vivement au fouet puis verser le reste. Mélanger pour obtenir une sauce lisse et brillante.

Dans une casserole, faire bouillir de l'eau. Y plonger les raisins 2 à 3 minutes. Les égoutter dans une passoire. Les mettre dans un bol et les arroser de rhum. Couvrir avec un film plastique jusqu'au moment de servir.

Éplucher les bananes puis les couper en deux dans le sens de la longueur. Les arroser de jus de citron pour éviter qu'elles ne noircissent.

Dans une grande poêle, faire fondre le beurre ; lorsqu'il est bien chaud, faire revenir les bananes et laisser colorer 2 à 3 minutes. Saupoudrer avec le sucre et la noix de muscade en poudre. Retourner délicatement les bananes dans la poêle puis laisser colorer à nouveau 2 à 3 minutes. Lorsque les bananes ont une belle couleur dorée, les retirer du feu.

Déposer une demi-banane sur chaque assiette. Parsemer de raisin au rhum. Déposer une boule de glace à la vanille puis napper la glace et une partie de la banane avec de la sauce au chocolat chaude.

Si les bananes sont froides, les réchauffer à la poêle 2 à 3 minutes. Il est préférable de caraméliser les bananes juste avant de servir. Le résultat sera meilleur qu'en les réchauffant.

6 20 55

30 cl de lait
110 g de chocolat noir à 70 %
de cacao
20 cl de crème fraîche liquide
5 jaunes d'œufs
90 g de sucre en poudre
3 cuil. à soupe de vergeoise
blonde.

LA CRÈME BRÛLÉE
au chocolat

Dans une casserole, faire bouillir le lait puis le verser sur le cho-colat préalablement râpé. Mélanger. Ajouter la crème fraîche froide. Battre les jaunes avec le sucre. Y verser le mé-lange précédent. Filtrer à travers une petite passoire puis ver-ser la crème dans des plats à crème brûlée.

Cuire au four au bain-marie à 130 °C (th. 4-5) pendant 45 à 50 minutes.

Sortir du four et laisser refroidir.

Au moment de servir, saupoudrer les crèmes brûlées avec la vergeoise blonde et faire caraméliser sous le gril du four ou à l'aide d'un chalumeau.

Pour varier cette recette, il est possible d'ajouter 2 cuillerées à café de grains de café concassés. Il convient de les ajouter quand le lait chauffe pour les faire infuser.

LES PETITS POTS
de crème au chocolat

Faire bouillir le lait dans une casserole. Râper le chocolat finement puis le verser dans le lait. Battre l'œuf entier et les jaunes d'œufs avec le sucre. Y verser la préparation lait-chocolat. Passer le tout à travers une petite passoire. Disposer des petits pots en terre ou des ramequins dans un plat au bain-marie. Y verser la crème au chocolat à ras bord et cuire pendant 30 minutes à 150 °C (th. 5).
Sortir du four, laisser refroidir et mettre au réfrigérateur.

Ce dessert servi bien frais peut être accompagné d'une madeleine ou d'un sablé.

50 cl de lait
120 g de chocolat à 70 %
de cacao
2 œufs + 3 jaunes
100 g de sucre en poudre.

8   40   15   120

Les crêpes :
50 g de beurre
2 œufs
30 g de sucre en poudre
150 g de farine
45 cl de lait
Le zeste de 1 orange
2 cuil. à soupe d'huile.

La crème pâtissière au chocolat :
4 jaunes d'œufs
125 g de sucre en poudre
1 cuil. à soupe de fécule de maïs
50 cl de lait
1 noix de beurre
110 g de chocolat noir à 60 % de cacao.

LA CRÊPE
aumônière au chocolat

Préparer les crêpes : faire fondre le beurre. Dans un saladier, battre les œufs avec le sucre. Ajouter la farine, mélanger puis ajouter progressivement le lait. Ajouter le zeste d'orange, le beurre fondu et l'huile. Mélanger. Couvrir avec un film plastique et laisser reposer pendant 2 heures.

Cuire les crêpes. Couvrir avec une feuille de papier d'aluminium pour garder tout le moelleux des crêpes.

Préparer la crème pâtissière : battre les jaunes d'œufs, le sucre et la fécule de maïs. Faire bouillir le lait dans une casserole et en verser la moitié sur les jaunes. Reverser le tout dans la casserole puis cuire à feu modéré jusqu'à ébullition. Continuer la cuisson 1 minute après ébullition. Ajouter le beurre et le chocolat préalablement râpé. Mélanger pour obtenir une crème lisse. Verser la crème dans un plat, la recouvrir d'un film alimentaire puis laisser refroidir.

Poser une crêpe sur une assiette. Au centre, déposer une cuillerée à soupe de crème pâtissière au chocolat après l'avoir fouettée pour la rendre lisse. Refermer la crêpe. La nouer avec une demi-gousse de vanille ou un joli ruban doré. Au moment de servir, napper le fond de l'assiette avec de la crème anglaise à la vanille ou une sauce au chocolat (p. 74) puis déposer une crêpe en aumônière au centre.

Éviter de passer les crêpes au réfrigérateur pour qu'elles restent moelleuses.

LES CRÊPES
fourrées au chocolat au lait et à l'orange

8-10 60 30 120

Préparer la crème au chocolat au lait : passer les écorces d'orange au mixeur afin d'obtenir une pâte. Ajouter le Grand Marnier et mixer à nouveau.

Faire bouillir la crème avec le miel et verser sur le chocolat au lait préalablement râpé. Mélanger puis ajouter le beurre. Ajouter la pâte d'oranges. Couvrir avec un film plastique. Laisser refroidir.

Préparer les crêpes : dans un saladier, battre les œufs avec le sucre. Ajouter la farine, mélanger puis ajouter progressivement le lait. Ajouter le zeste d'orange, le beurre fondu et l'huile. Mélanger. Couvrir avec un film plastique et laisser reposer pendant 2 heures.

Faire cuire les crêpes. Les couvrir d'une feuille de papier d'aluminium pour garder tout leur moelleux.

Au moment de servir, tiédir légèrement les crêpes au four. Garnir chacune d'entre elles avec la crème chocolat-orange. L'étaler avec une cuillère et plier les crêpes en quatre.

Au bain-marie, réchauffer le reste de crème au chocolat. Mixer pour la rendre très lisse.

Disposer 2 crêpes par assiette et napper avec la crème au chocolat liquide.

Il est important que le film alimentaire soit en contact avec la crème afin d'éviter la formation d'une croûte qui la rendrait granuleuse.

La crème au chocolat au lait :
150 g d'écorces d'orange confites
2 cuil. à soupe de Grand Marnier
15 cl de crème fraîche liquide
1 cuil. à soupe de miel
300 g de chocolat au lait
50 g de beurre.

Les crêpes :
2 œufs
30 g de sucre en poudre
150 g de farine
45 cl de lait
Le zeste de 1 orange
50 g de beurre
2 cuil. à soupe d'huile.

6 30 40

La poêlée de poires :
3 belles poires Williams
75 g de beurre
75 g de sucre en poudre.

Le flan :
1 œuf + 1 jaune
30 g de sucre en poudre
1 cuil. à soupe de farine
15 cl de crème fraîche liquide.

La pâte à crumble :
100 g de beurre
70 g de sucre en poudre
120 g de farine
15 g de cacao amer en poudre.

4-6 15 15

50 cl de lait
30 g de lait en poudre
50 g de miel
4 jaunes d'œufs
50 g de sucre en poudre
130 g de chocolat noir à 70 % de cacao.

LE CRUMBLE
chocolat-poire

Préparer la poêlée de poires : éplucher les poires, leur ôter les pépins et les couper en quartiers. Faire fondre le beurre dans une casserole, ajouter les quartiers de poire puis le sucre. Cuire 10 minutes environ et réserver.

Préparer le flan : battre ensemble l'œuf et le jaune. Ajouter le sucre. Mélanger. Ajouter la farine puis la crème fraîche.

Préparer la pâte à crumble : dans un saladier, mélanger le beurre ramolli avec le sucre puis ajouter la farine et le cacao tamisés ensemble. Émietter avec les mains.

Dans un plat en terre, verser les poires puis le flan. Cuire pendant 15 minutes au four à 200 °C (th. 6-7). À la sortie du four, parsemer la pâte à crumble puis remettre le plat au four pendant 15 minutes à 200 °C (th. 6-7).

Sortir du four. Laisser refroidir.

Ce dessert est meilleur servi tiède.

LA GLACE
au chocolat

Dans une casserole, faire bouillir le lait, le lait en poudre et le miel. Battre les jaunes d'œufs avec le sucre. Verser la moitié de la première préparation sur les jaunes. Mélanger. Hors du feu, remettre le tout dans la casserole et cuire à feu doux jusqu'à ce que la crème épaississe. En verser un tiers sur le chocolat préalablement râpé puis mélanger vivement et ajouter le reste de la crème. Mélanger. Passer à travers une petite passoire puis laisser refroidir. Quand le mélange est froid, faire prendre dans une sorbetière.

Pour servir une glace très onctueuse, éviter de la fabriquer trop à l'avance. Une glace préparée le jour même sera meilleure.

LA DOUCEUR
noisette

La dacquoise :
4 blancs d'œufs
30 g de sucre en poudre
100 g de poudre de noisette
100 g de sucre glace + 2 cuil. à soupe
40 g de noisettes concassées.

Le crémeux au chocolat :
10 cl de crème fraîche liquide
15 cl de lait
2 jaunes d'œufs
40 g de sucre en poudre
140 g de chocolat noir à 70 % de cacao.

La chantilly au chocolat :
30 cl de crème fraîche liquide
100 g de chocolat au lait.

Le décor :
1 tablette de chocolat noir.

Préparer les dacquoises : dans un saladier, monter au batteur électrique les blancs avec le sucre en poudre. Quand ils sont suffisamment fermes, incorporer la poudre de noisette et le sucre glace tamisés ensemble en mélangeant délicatement à l'aide d'une spatule en bois. Quand le mélange est lisse et homogène, verser la pâte à dacquoise dans un cercle à tarte posé sur une plaque à four recouverte d'une feuille de papier sulfurisé. Parsemer avec les noisettes concassées. Saupoudrer de sucre glace.

Cuire au four à 180 °C (th. 6) pendant 25 minutes. Sortir du four. Laisser refroidir et décercler.

Préparer les crémeux au chocolat : dans une casserole, faire bouillir la crème et le lait. Verser sur les jaunes d'œufs battus avec le sucre puis remettre le tout dans la casserole et cuire à feu doux jusqu'à ce que la crème épaississe sans bouillir. Verser cette crème sur le chocolat préalablement râpé. Mélanger jusqu'à obtention d'un mélange lisse.

Sur un plateau recouvert d'une feuille de papier sulfurisé, placer le cercle dans lequel a été cuite la dacquoise puis verser le crémeux au chocolat. Mettre au réfrigérateur pendant au moins 3 heures.

Préparer la chantilly au chocolat : dans une casserole, faire bouillir la crème puis la verser sur le chocolat au lait préalablement râpé. Réserver au congélateur pendant 1 heure 15 minutes au minimum.

Décercler le disque de crémeux au chocolat puis le déposer sur la dacquoise. Fouetter la crème Chantilly au chocolat. À l'aide d'une poche à douille, décorer le dessus du gâteau avec des rosaces de chantilly au chocolat au lait. Réserver au réfrigérateur. Le sortir 20 minutes avant de servir.

Préparer le décor : gratter la tablette de chocolat avec un petit couteau de manière à faire des copeaux. Les parsemer sur le dessus du gâteau.

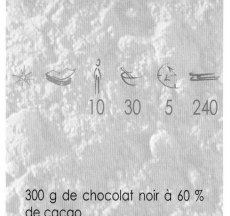

10 30 5 240

300 g de chocolat noir à 60 %
de cacao
100 g de beurre
1 cuil. à soupe de cacao amer
en poudre
3 œufs + 4 blancs
70 g de sucre en poudre.

LA MARQUISE
au chocolat

Dans un saladier, faire fondre le chocolat au bain-marie. Y ajouter le beurre en petits morceaux puis le cacao en poudre. Casser les œufs. Séparer les blancs des jaunes. Ajouter les 3 jaunes au mélange chocolat, beurre et cacao. Monter les 7 blancs en neige avec le sucre en poudre puis les incorporer au premier mélange. Mélanger délicatement. Tapisser l'intérieur d'une terrine avec du film étirable. Verser le mélange dans la terrine puis lisser à ras bord avec un couteau pour avoir une surface plane. Mettre la terrine au réfrigérateur au minimum 4 heures. La sortir du réfrigérateur, la démouler puis, avec un couteau trempé dans l'eau chaude, couper des tranches de 1 cm d'épaisseur.

Au moment de servir, poser chaque tranche sur une assiette blanche et les accompagner de crème anglaise à la vanille.

4 30 20

Les croustillants « Filo » :
12 feuilles de pâte filo
125 g de beurre
Sucre glace.

La crème pâtissière
au chocolat :
30 cl de lait
3 jaunes d'œufs
70 g de sucre en poudre
25 g de fécule de maïs
30 g de beurre
70 g de chocolat noir à 50 %
de cacao
1 cuil. à café de cacao amer
en poudre.

LE MILLEFEUILLE FILO
au chocolat

Préparer les croustillants « Filo » : sur une planche à découper, étaler une feuille de pâte Filo. Faire fondre le beurre dans une petite casserole. Lorsqu'il est bien chaud, beurrer à l'aide d'un pinceau la feuille de pâte Filo. Recouvrir d'une deuxième feuille, la beurrer, ajouter une troisième feuille, la beurrer. Couper des carrés de 7 x 7 cm.

Les disposer sur une plaque à four recouverte d'une feuille de papier sulfurisé. Saupoudrer avec du sucre glace et cuire au four à 180 °C (th. 6) pendant 15 minutes. Sortir du four et laisser refroidir.

Préparer la crème pâtissière au chocolat : faire bouillir le lait dans une casserole. Dans un saladier, battre les jaunes d'œufs avec le sucre. Ajouter la fécule de maïs. Verser le lait bouillant sur cette préparation. Fouetter. Hors du feu, verser le tout dans la casserole.

Porter à ébullition en fouettant jusqu'à ce que la crème épaississe. Après 1 minute d'ébullition, retirer du feu et verser la crème dans un saladier. Ajouter le beurre en petits morceaux, le chocolat préalablement râpé très fin ainsi que le cacao. Mélanger au fouet pour que la crème soit bien lisse. Couvrir la crème avec un film alimentaire. Laisser refroidir. Quand la crème est froide, la fouetter vivement pour obtenir une consistance onctueuse. Au moment de servir, déposer un croustillant « Filo » au centre d'une assiette, le garnir d'une cuillerée à soupe de crème. Recouvrir d'un croustillant. Garnir à nouveau d'une cuillerée de crème et finir avec un troisième croustillant. Saupoudrer de sucre glace.

L'alliance de ces croustillants « Filo » et de cette crème onctueuse, fait de ce dessert un délice.
Il est important que le film alimentaire soit en contact avec la crème de manière à éviter la formation d'une croûte qui la rendrait granuleuse.

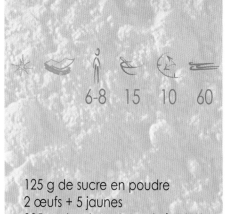

6-8 15 10 60

125 g de sucre en poudre
2 œufs + 5 jaunes
325 g de chocolat noir à 70 %
de cacao
50 cl de crème fraîche liquide.

LA MOUSSE
au chocolat à la crème

Dans une casserole, faire bouillir 3 cuillerées à soupe d'eau et le sucre. Battre les 2 œufs entiers et les jaunes. Verser le sirop sur les œufs. Fouetter vivement au batteur électrique jusqu'à ce que le mélange soit à température ambiante. Il doit être léger et mousseux.
Faire fondre le chocolat au bain-marie. Lorsqu'il est liquide et tiède, l'incorporer à la première préparation. Fouetter la crème fraîche très froide jusqu'à ce qu'elle ait doublé de volume et qu'elle tienne aux branches du fouet. L' incorporer à la base chocolatée.
Placer 1 heure au réfrigérateur avant de servir.

6-8 15 5 120

3 œufs + 3 blancs
200 g de chocolat noir à 70 %
de cacao
70 g de beurre
60 g de sucre en poudre.

LA MOUSSE
au chocolat aux blancs d'œufs

Séparer les blancs d'œufs des jaunes. Faire fondre le chocolat au bain-marie. Ajouter le beurre en petits morceaux. Mélanger. Ajouter les jaunes d'œufs puis fouetter pour obtenir un mélange lisse. Dans un saladier, monter en neige les six blancs d'œufs avec le sucre. Les incorporer à la première préparation, délicatement pour ne pas faire retomber la mousse.
Réserver au réfrigérateur pendant 2 heures avant de servir.

6 40 20 120

La pâte sablée à la cannelle :
75 g de beurre
50 g de sucre glace
1 cuil. à soupe de poudre de noisette
1 œuf
125 g de farine
1/2 cuil. à café de cannelle en poudre
Deux petites pincées de sel.

La ganache au chocolat :
5 cl de crème fraîche liquide
1 cuil. à café de miel
50 g de chocolat à 70 % de cacao.

La sauce au chocolat :
30 cl de lait
20 cl de crème fraîche liquide
1 cuil. à soupe de sucre en poudre
125 g de chocolat noir à 70 % de cacao.

Les poires au sirop :
12 demi-poires au sirop bien égouttées.

LA POIRE FONDANTE
au chocolat sur son sablé à la cannelle

Préparer la pâte sablée : dans un saladier, ramollir le beurre en le malaxant à la main. Ajouter le sucre glace, une pincée de sel et la poudre de noisette. Malaxer à nouveau.

Dans un bol, casser l'œuf, le battre et en ajouter la moitié à la pâte. Réserver le reste pour la dorure. Ajouter la farine tamisée avec la cannelle en poudre. Mélanger jusqu'à obtention d'une pâte homogène. Envelopper dans du film plastique et réserver 2 heures au réfrigérateur.

Étaler la pâte à 3 ou 4 mm d'épaisseur. Découper des disques de 7 à 8 cm de diamètre. Poser ces disques sur la plaque à four recouverte d'une feuille de papier sulfurisé.

Ajouter une petite pincée de sel dans le demi-œuf battu destiné la dorure. À l'aide d'un pinceau, badigeonner délicatement les sablés à la cannelle avec de la dorure.

Mettre au four à 180 °C (th. 6) pendant 20 minutes. Sortir du four et laisser refroidir.

Préparer la ganache : dans une casserole, faire bouillir la crème avec le miel puis verser sur le chocolat préalablement râpé. Mélanger puis verser dans un plat. Recouvrir avec un film plastique et laisser refroidir.

Préparer la sauce au chocolat : dans une casserole, faire bouillir le lait, la crème et le sucre. En verser un tiers sur le chocolat préalablement râpé. Mélanger vivement au fouet puis verser le reste. Mélanger pour obtenir une sauce lisse et brillante.

Assemblage du dessert : sur les fonds de pâte sablée à la cannelle, déposer une cuillerée à café de ganache au chocolat. Coller deux à deux les demi-poires en garnissant le centre avec de la ganache. Poser chaque poire reconstituée sur un sablé. Poser chaque dessert au centre d'une assiette et napper la poire de sauce au chocolat. Verser tout autour le reste de sauce au chocolat.

Veiller à ce que le film plastique soit en contact avec la crème afin d'éviter la formation d'une croûte qui la rendrait granuleuse.

8 60 45

LES PROFITEROLES
au chocolat

Les choux :
15 cl de lait
1 cuil. à soupe de sucre en poudre
110 g de beurre
140 g de farine
5 œufs
Sucre glace
Deux pincées de sel.

La glace à la vanille :
4 jaunes d'œufs
100 g de sucre en poudre
50 cl de lait
20 g de poudre de lait
1 cuil. à soupe de miel
1 gousse de vanille.

La sauce au chocolat :
30 cl de lait
20 cl de crème fraîche liquide
1 cuil. à soupe de sucre en poudre
125 g de chocolat noir à 70 % de cacao.

Préparer les choux : dans une casserole, porter à ébullition le lait,10 cl d'eau, le sel, le sucre et le beurre. Ajouter la farine hors du feu. Mélanger vivement avec une spatule en bois puis remettre sur le feu et chauffer en remuant jusqu'à ce que la pâte se décolle de la casserole.

Verser la pâte dans un saladier, la mélanger à l'aide d'une spatule en bois 2 minutes pour la refroidir légèrement. Incorporer les œufs un à un en mélangeant constamment. À l'aide d'une poche à douille, sur la plaque du four recouverte d'une feuille de papier sulfurisé, former des boules. En prévoir quatre par personne. Saupoudrer avec du sucre glace et cuire à 180 °C (th. 6) pendant 35 à 40 minutes. Sortir du four et laisser refroidir.

Préparer la glace à la vanille : battre les jaunes d'œufs avec du sucre. Faire bouillir le lait, la poudre de lait, le miel et la gousse de vanille fendue. La verser sur les jaunes. Reverser le tout dans la casserole hors du feu. Cuire à feu doux jusqu'à ce que la crème épaississe. Elle ne doit pas bouillir.

Verser la crème dans un saladier en la filtrant à travers une petite passoire. Couvrir avec un film alimentaire.

Laisser refroidir. Quand la crème est froide, la faire prendre dans une sorbetière.

Préparer la sauce au chocolat : faire bouillir le lait, la crème fraîche et le sucre. En verser un tiers sur le chocolat préalablement râpé. Mélanger vivement au fouet puis verser le reste. Mélanger pour obtenir une sauce lisse et brillante.

Préparer les profiteroles : couper les choux en deux. Les garnir avec une boule de glace à la vanille. Placer les choux garnis de glace au congélateur.

Au moment de servir, dans des assiettes blanches, verser un peu de sauce au chocolat au centre. Disposer 4 choux et les napper de sauce au chocolat.

Si la glace à la vanille est faite le jour même, les profiteroles seront encore meilleures.

8　30　35　180

Les sablés au chocolat :
150 g de beurre
100 g de sucre glace
30 g de poudre d'amande
2 œufs
250 g de farine
25 g de cacao amer en poudre
Deux pincées de sel.

La confiture de framboises :
160 g de framboises
160 g de sucre en poudre
1 gousse de vanille.

La crème Chantilly :
25 cl de crème fraîche liquide
30 g de sucre en poudre.

La garniture et le décor :
250 g de framboises
1 cuil. à soupe de sucre glace
Quelques feuilles de menthe
Copeaux de chocolat.

LES SABLÉS
au chocolat aux framboises

Préparer la pâte sablée : dans un saladier, ramollir le beurre en le malaxant à la main. Ajouter le sucre glace, une pincée de sel et la poudre d'amande. Malaxer à nouveau pour avoir un mélange homogène. Ajouter 1 œuf. Continuer à mélanger puis ajouter la farine tamisée avec le cacao amer en poudre. Envelopper la pâte dans un film plastique puis réserver au réfrigérateur 2 heures au minimum.

Dans un bol, casser l'œuf restant, le battre avec une pincée de sel.

Étaler la pâte sablée au chocolat à 3 mm d'épaisseur et découper des disques de 10 cm de diamètre (deux par dessert). Poser la moitié d'entre eux sur une plaque à four recouverte d'une feuille de papier sulfurisé. Découper le centre des disques en pâte sablée restants de façon à obtenir des anneaux. Les poser également sur une plaque à four recouverte d'une feuille de papier sulfurisé.

À l'aide d'un pinceau, passer une fine couche de dorure d'œuf sur les sablés.

Faire cuire 20 minutes à 180 °C (th. 6). Sortir du four et laisser refroidir.

Préparer la confiture : dans une petite casserole à fond épais, cuire à feu doux les framboises, le sucre en poudre et la gousse de vanille fendue et grattée jusqu'à obtenir la consistance d'une confiture. Verser dans un plat, recouvrir avec un film plastique et laisser refroidir.

Préparer la crème Chantilly : dans un saladier, fouetter ensemble la crème très froide avec le sucre jusqu'à obtention d'une crème Chantilly assez ferme. Réserver au réfrigérateur.

Assembler les desserts : sur les fonds de pâte sablée au chocolat, étaler une cuillerée à soupe de confiture de framboises. Disposer sur tout le pourtour une rangée de framboises.

À l'aide d'une poche à douille, former une fine couronne de crème Chantilly sur les framboises puis coller les anneaux en pâte sablée au chocolat sur le dessus. Garnir le centre du sablé avec une grosse rosace de crème Chantilly. Poser quelques copeaux de chocolat noir et blanc. Saupoudrer les desserts avec du sucre glace et décorer avec une framboise et une feuille de menthe.

Réaliser l'assemblage des desserts juste avant le repas pour que les sablés ne ramollissent pas.

6 40 30 24 h

La confiture de fruits rouges :
50 g de groseilles
100 g de fraises
125 g de framboises
200 g de sucre en poudre.

La crème Chantilly chocolat :
35 cl de crème fraîche liquide
90 g de chocolat noir à 70 %
de cacao.

Le sombrero :
6 feuilles de brick
75 g de beurre
Sucre glace.

Le décor :
100 g de framboises
Quelques mûres
Quelques myrtilles
Sucre glace.

LE SOMBRERO AU
chocolat et aux fruits rouges

Préparer la confiture de fruits rouges : égrapper les groseilles, équeuter les fraises puis laver tous les fruits rouges.

Les cuire avec le sucre à feu doux dans une casserole. Porter à ébullition. Poursuivre la cuisson pendant encore 10 minutes. Verser la préparation dans un plat pour la refroidir.

Préparer la crème Chantilly chocolat : la veille, faire bouillir la crème et la verser sur le chocolat préalablement râpé. Mélanger. Couvrir avec un film et réserver au réfrigérateur toute la nuit.

Préparer le sombrero : sur une planche à découper, étaler une feuille de brick. Faire fondre le beurre. Lorsqu'il est bien chaud, beurrer la feuille de brick à l'aide d'un pinceau. Placer un ramequin à l'envers sur une plaque à four avec du papier sulfurisé. Placer la feuille de brick beurrée sur le ramequin de façon à former un chapeau. Saupoudrer de sucre glace. Procéder de la même façon pour les 6 feuilles de brick.

Cuire au four à 180 °C (th. 6) pendant 15 minutes. Sortir du four et laisser refroidir. Démouler. Placer chacun des chapeaux sur une assiette. En garnir le fond avec une cuillerée de confiture. Fouetter la crème au chocolat jusqu'à obtenir la consistance d'une crème Chantilly puis en garnir les chapeaux.

Décorer avec les fruits rouges et saupoudrer avec du sucre glace.

6 20 120

LE TIRAMISU

La crème au mascarpone :
300 g de mascarpone
150 g de sucre en poudre
4 jaunes d'œufs
30 cl de crème fraîche liquide.

Les biscuits au café :
25 cl de café
50 g de sucre en poudre
30 biscuits à la cuiller
75 g de cacao en poudre.

Préparer la crème au mascarpone : placer le mascarpone dans un saladier et le laisser à température ambiante.
Dans une casserole, faire bouillir 4 cuillerées à soupe d'eau et le sucre. Battre les jaunes d'œufs. Verser l'eau sucrée sur les jaunes. Fouetter vivement avec un batteur électrique pour que la préparation devienne mousseuse.
Fouetter la crème fraîche très froide jusqu'à ce qu'elle double de volume et qu'elle tienne aux branches du fouet. Incorporer la préparation mousseuse dans le mascarpone, mélanger avec un fouet puis incorporer la crème fouettée. Mélanger afin d'obtenir une crème lisse.
Préparer les biscuits au café : ajouter le sucre au café puis mélanger. Verser un tiers de la crème dans un plat en terre, tremper les biscuits à la cuiller un à un dans le café et en disposer une couche sur la crème. Saupoudrer avec du cacao.
Verser la moitié de la crème restante. Disposer une seconde couche de biscuits trempés dans le café. Saupoudrer à nouveau de cacao en poudre.
Verser le reste de crème et lisser avec une cuillère à soupe.
Réserver 2 heures au réfrigérateur.
Au moment de servir, saupoudrer de cacao en poudre.

Ce dessert doit être servi très frais.

8-10 30 5 120

Le bavarois :
4 jaunes d'œufs
90 g de sucre en poudre
40 cl de lait
150 g de chocolat noir à 70 %
de cacao
40 cl de crème fraîche liquide.

Le décor :
1 tablette de chocolat au lait
200 g de framboises
1 cuil. à soupe de sucre glace.

LE BAVAROIS
au chocolat

Préparer le bavarois : battre les jaunes d'œufs avec le sucre. Faire bouillir le lait dans une casserole et en verser la moitié sur les jaunes. Remettre le tout dans la casserole hors du feu. Cuire à feu doux en remuant avec une spatule en bois jusqu'à ce que la crème épaississe et nappe la cuillère. La crème ne doit pas bouillir. Verser la crème dans un saladier en la passant à travers une petite passoire. Y ajouter le chocolat préalablement râpé. Mélanger pour obtenir une crème lisse. Laisser refroidir.

Dans un saladier, monter la crème fraîche liquide très froide au fouet jusqu'à ce qu'elle double de volume et tienne aux branches du fouet.

Incorporer la crème fouettée dans la crème au chocolat à température ambiante en mélangeant délicatement avec une spatule. Quand le mélange est homogène, verser le bavarois dans un beau saladier en verre. Mettre au réfrigérateur pendant 2 heures.

Réaliser le décor : gratter la tablette de chocolat avec un économe pour obtenir des copeaux au chocolat.

Au moment de servir, recouvrir la surface du bavarois en alternant framboises et copeaux de chocolat au lait. Saupoudrer légèrement de sucre glace.

Ce dessert doit être servi bien frais et peut être accompagné de biscuits boudoirs ou de madeleines.

8 60 20 120

LA BÛCHE DE NOËL
au chocolat

Le biscuit roulé :
4 œufs
100 g de sucre en poudre
60 g de farine.

Le sirop :
100 g de sucre en poudre
1 cuil. à café de cacao amer
en poudre
1 cuil. à café de rhum.

La crème au beurre au chocolat :
2 œufs
80 g de sucre en poudre
160 g de beurre
60 g de chocolat noir à 70 %
de cacao.

Le décor :
1 tablette de chocolat blanc
Sucre glace.

Préparer le biscuit roulé : casser 2 œufs, séparer les blancs des jaunes. Dans un saladier, fouetter ensemble les 2 œufs entiers, les 2 jaunes et 80 g de sucre. Tout en fouettant, faire chauffer au bain-marie jusqu'à ce que le mélange soit à 40 °C (bien tiède). Retirer du bain-marie. Fouetter ensuite au batteur électrique jusqu'à complet refroidissement. Incorporer la farine tamisée.

Dans un saladier, monter les blancs avec les 20 g de sucre restants. Lorsque les blancs en neige sont assez fermes, les incorporer délicatement au premier mélange.

Étaler la pâte à biscuit roulé sur une feuille de papier sulfurisé posée sur une plaque à four. Réaliser un rectangle d'environ 35 x 25 cm. Cuire au four à 200 °C (th. 6-7) pendant 10 minutes. Sortir du four et laisser refroidir.

Préparer le sirop : faire bouillir 10 cl d'eau et le sucre. Dans le sirop obtenu, ajouter le cacao en poudre tamisé puis le rhum.

Préparer la crème au beurre au chocolat : dans un saladier, battre les œufs et le sucre. Chauffer au bain-marie en fouettant jusqu'à atteindre 60 °C. La chaleur atteinte est difficilement supportable au toucher. Fouetter au batteur électrique jusqu'à complet refroidissement. Incorporer le beurre ramolli puis fouetter à nouveau au batteur électrique pour monter la crème et la rendre plus légère.

Ajouter le chocolat fondu et mélanger.

Décoller le biscuit du papier sulfurisé, l'imbiber avec le sirop à l'aide d'un pinceau. Étaler la moitié de la crème au beurre puis rouler la bûche. Imbiber de nouveau la bûche avec le sirop restant à l'aide d'un pinceau et recouvrir la bûche avec le reste de crème au beurre. L'étaler et rayer avec une fourchette. Mettre au réfrigérateur 2 heures.

Gratter la tablette de chocolat blanc avec un économe pour en faire des copeaux.

Décorer la bûche avec du sucre glace et des copeaux de chocolat blanc.

8 60 30 120

LE CAPRICE
au chocolat

Le biscuit au chocolat :
5 œufs
150 g de sucre en poudre
65 g de farine
45 g de cacao amer en poudre
50 g de beurre.

Le sirop :
100 g de sucre en poudre
1 cuil. à soupe de cacao amer
en poudre.

La mousse au chocolat :
75 g de sucre en poudre
1 œuf + 3 jaunes
195 g de chocolat noir à 70 %
de cacao
30 cl de crème fraîche liquide.

Le glaçage au chocolat :
15 cl de lait
10 cl de crème fraîche liquide
50 g de miel
200 g de chocolat noir à 70 %
de cacao
20 g de beurre.

Le décor :
Quelques framboises
Feuilles de menthe.

Préparer le biscuit au chocolat : séparer les blancs des jaunes de 4 œufs. Fouetter les jaunes d'œufs, l'œuf entier restant et 120 g de sucre jusqu'à ce que le mélange blanchisse. Ajouter la farine et le cacao tamisés ensemble puis mélanger avec une spatule. Faire fondre le beurre à feu doux. Incorporer délicatement les 4 blancs montés en neige avec le reste de sucre puis ajouter le beurre fondu froid. Mélanger très délicatement. Verser la pâte à biscuit dans un moule rectangulaire de 20 x 30 cm préalablement beurré et fariné.

Cuire au four à 180 °C (th. 6) pendant 30 minutes. Sortir du four et démouler.

Préparer le sirop : dans une casserole, faire bouillir tous les ingrédients ensemble avec 10 cl d'eau et laisser refroidir.

Préparer la mousse au chocolat : dans une casserole, faire bouillir 3 cl d'eau et le sucre. Verser ce sirop sur l'œuf et les jaunes d'œufs battus. Fouetter vivement au batteur électrique jusqu'à ce que le mélange soit à température ambiante. Il doit être léger et mousseux.

Faire fondre le chocolat au bain-marie. Il doit être liquide et tiède. L'incorporer à la première préparation.

Fouetter la crème fraîche très froide jusqu'à ce qu'elle double de volume et qu'elle tienne aux branches du fouet. Incorporer la crème fouettée à la base chocolatée.

Préparer le glaçage au chocolat : faire bouillir ensemble le lait, la crème fraîche, le miel et verser le tout sur le chocolat préalablement râpé. Mélanger doucement et ajouter le beurre. Utiliser ce glaçage lorsqu'il est tiède.

Monter le gâteau : couper le biscuit en deux parties égales. Poser le premier biscuit sur un plateau recouvert d'une feuille de papier sulfurisé. L'imbiber à l'aide d'un pinceau avec la moitié du sirop au cacao. Étaler 1 cm de mousse au chocolat. Recouvrir avec le second biscuit, l'imbiber avec le reste de sirop au cacao.

Lisser le dessus du gâteau avec le reste de la mousse au chocolat à l'aide d'un grand couteau. Mettre le gâteau 2 heures au congélateur.

Réaliser le décor : tiédir le glaçage et napper le dessus du gâteau. Couper les bords du gâteau avec un grand couteau trempé dans de l'eau très chaude.
Décorer avec les framboises et la menthe.

LE CROUSTILLANT
au chocolat

Le biscuit au chocolat :
5 œufs
150 g de sucre en poudre
65 g de farine
45 g de cacao amer en poudre
50 g de beurre.

Le sirop :
100 g de sucre en poudre
30 g de Grand Marnier.

Le croustillant :
60 g de chocolat noir à 70 %
de cacao
120 g de pâte à tartiner au chocolat et à la noisette
100 g de riz soufflé caramélisé.

La mousse au chocolat :
75 g de sucre en poudre
1 œuf + 3 jaunes
195 g de chocolat noir à 70 %
de cacao
30 cl de crème fraîche liquide.

Le glaçage :
15 cl de lait
10 cl de crème fraîche liquide
50 g de miel
200 g de chocolat noir à 70 %
de cacao
20 g de beurre.

Le décor :
1 tablette de chocolat au lait
Quelques grains de riz soufflé.

Préparer le biscuit au chocolat : fouetter 4 jaunes d'œufs, 1 œuf entier et 120 g de sucre jusqu'à ce que le mélange blanchisse. Ajouter et mélanger à la spatule la farine et le cacao tamisés ensemble. Faire fondre le beurre à feu doux. Incorporer délicatement les blancs montés en neige avec le reste de sucre et ajouter le beurre fondu froid. Mélanger très délicatement. Verser la pâte à biscuit dans un moule rectangulaire de 20 x 30 cm beurré et fariné.

Faire cuire au four à 180 °C (th. 6) pendant 30 minutes. Sortir du four et démouler.

Préparer le sirop : faire bouillir 10 cl d'eau et le sucre. Laisser refroidir. Ajouter le Grand Marnier.

Préparer le croustillant : faire fondre le chocolat noir au bain-marie. Ajouter la pâte à tartiner puis le riz soufflé caramélisé. Mélanger avec une spatule.

Préparer la mousse au chocolat : dans une casserole, faire bouillir 2 cuillerées à soupe d'eau et le sucre et verser ce sirop sur l'œuf et les jaunes d'œufs battus. Fouetter vivement au batteur électrique jusqu'à ce que le mélange soit à température ambiante. Le mélange est léger et mousseux.

Faire fondre le chocolat au bain-marie. Il doit être liquide et tiède. L'incorporer à la première préparation.

Fouetter la crème fraîche très froide jusqu'à ce que la crème double de volume et qu'elle tienne aux branches du fouet. Incorporer la crème fouettée à la base chocolatée.

Préparer le glaçage : faire bouillir ensemble le lait, la crème fraîche, le miel et verser sur le chocolat râpé. Mélanger doucement et ajouter le beurre. Utiliser ce glaçage tiède.

Couper le biscuit en deux parties égales. Poser le premier biscuit sur un plateau recouvert d'une feuille de papier sulfurisé. L'imbiber à l'aide d'un pinceau avec la moitié du sirop.

Étaler régulièrement le croustillant. Étaler 1 cm de mousse au chocolat. Recouvrir avec le second biscuit. L'imbiber avec le reste de sirop.

Lisser le dessus du gâteau avec de la mousse au chocolat à l'aide d'un grand couteau.

Mettre le gâteau 2 heures au congélateur.

Réaliser le décor : tiédir le glaçage et napper le dessus du gâteau. Couper les bords du gâteau avec un couteau trempé dans l'eau très chaude.

Gratter la tablette de chocolat avec un économe pour faire des copeaux.

Décorer le dessus du gâteau avec des copeaux de chocolat au lait et des grains de riz soufflé.

8 35 25

LA DACQUOISE
au chocolat

La dacquoise :
4 blancs d'œufs
30 g de sucre en poudre
100 g de poudre de noisette
100 g de sucre glace
40 g de noisettes concassées
2 cuil. à soupe de sucre glace.

La ganache au pralin :
100 g de pralin
14 cl de crème fraîche liquide
125 g de chocolat à 70 %
de cacao.

Dans un saladier, au batteur électrique, monter les blancs avec le sucre en poudre. Quand les blancs en neige sont suffisamment fermes, incorporer la poudre de noisette et le sucre glace tamisés ensemble en mélangeant délicatement à l'aide d'une spatule en bois. Quand le mélange est lisse et homogène, étaler cette pâte sur une feuille de papier sulfurisé posée sur la plaque du four. Réaliser un rectangle de 30 x 40 cm. Parsemer avec les noisettes concassées. Saupoudrer de 1 cuillerée à soupe de sucre glace.

Cuire au four à 180 °C (th. 6) pendant 25 minutes. Sortir du four, laisser refroidir.

Au robot, mixer le pralin jusqu'à obtention d'une pâte. Dans une casserole, faire bouillir la crème et la verser sur le chocolat préalablement râpé. Mélanger pour lisser puis ajouter la pâte de pralin. Verser dans un plat. Recouvrir avec un film plastique. Laisser refroidir.

Décoller la dacquoise noisette du papier sulfurisé. Au couteau-scie, égaliser les bords puis couper la dacquoise en deux. Garnir la première moitié de la dacquoise en étalant la ganache au praliné. Recouvrir avec la seconde moitié de dacquoise. Saupoudrer la seconde cuillerée à soupe de sucre glace.

La dacquoise doit rester moelleuse à la cuisson. Lorsque la cuisson est finie, appuyer légèrement sur la dacquoise avec le bout des doigts. Elle doit être encore souple.
Veiller à ce que le film plastique soit en contact avec la crème afin d'éviter la formation d'une croûte qui la rendrait granuleuse.

12 95 40

LES ÉCLAIRS
au chocolat

Pour 12 éclairs.
La pâte à choux :
15 cl de lait
1 cuil. à soupe de sucre
en poudre
110 g de beurre
140 g de farine
5 œufs
Deux pincées de sel.

La crème pâtissière au
chocolat :
4 jaunes d'œufs
125 g de sucre en poudre
1 cuil. à soupe de fécule
de maïs
50 cl de lait
1 noix de beurre
110 g de chocolat noir à 60 %
de cacao.

Le glaçage :
350 g de fondant (acheté chez
le pâtissier)
100 g de chocolat noir à
70 % de cacao
1 cuil. à café de cacao
en poudre
2 ou 3 gouttes de colorant
rouge.

Préparer la pâte à choux : dans une casserole, porter à ébullition le lait, 10 cl d'eau, le sel, le sucre et le beurre. Ajouter la farine hors du feu. Mélanger vivement avec une spatule en bois, remettre sur le feu et chauffer en remuant jusqu'à ce que la pâte se décolle de la casserole. La verser dans un saladier puis mélanger à l'aide d'une spatule en bois pendant 2 minutes afin de refroidir légèrement la pâte. Incorporer les œufs un à un en mélangeant constamment. À l'aide d'une poche à douille, sur une feuille de papier sulfurisé disposée sur la plaque du four, former des boudins d'environ 12 cm de long. Saupoudrer avec du sucre glace et cuire à 180 °C (th. 6) pendant 35 à 40 minutes. Sortir du four et laisser refroidir.

Préparer la crème pâtissière au chocolat : battre les jaunes d'œufs avec le sucre et la fécule de maïs. Faire bouillir le lait dans une casserole et en verser la moitié sur les jaunes. Reverser le tout dans la casserole puis cuire à feu modéré jusqu'à ébullition. Continuer la cuisson 1 minute après ébullition. Ajouter le beurre et le chocolat préalablement râpé. Mélanger pour obtenir une crème lisse. Verser la crème dans un plat, la recouvrir d'un film alimentaire puis laisser refroidir.

Préparer le glaçage : dans un saladier, faire ramollir le fondant avec l'eau, au bain-marie ou au micro-ondes. Ajouter le chocolat fondu, le cacao en poudre et le colorant rouge. Mélanger avec une spatule en bois, le glaçage doit être tiède et assez épais. Ajouter 4 à 5 cuillerées à soupe d'eau si nécessaire.

Confectionner l'éclair : fouetter la crème pâtissière au chocolat de manière qu'elle soit lisse. Couper les éclairs en deux avec un couteau-scie sans les ouvrir complètement. À l'aide d'une poche à douille, garnir de crème pâtissière au chocolat. Tremper chaque éclair au tiers de sa hauteur dans le glaçage. Lisser avec le doigt. Laisser refroidir.

6-8 45 45 60

LE MILLEFEUILLE
au chocolat

Le millefeuille :
500 g de pâte feuilletée
50 g de sucre glace
50 g de sucre en poudre.

La crème légère au chocolat :
3 jaunes d'œufs
70 g de sucre en poudre
25 g de fécule de maïs
30 cl de lait
70 g de chocolat noir à 50 %
de cacao
1 cuil. à café de cacao amer
en poudre
15 cl de crème fraîche liquide.

Le décor :
1 cuil. à soupe de cacao amer
en poudre
1 cuil. à soupe de sucre glace.

Préparer le millefeuille : étaler la pâte feuilletée à 3 mm d'épaisseur environ puis la poser sur une plaque à four recouverte d'une feuille de papier sulfurisé. Laisser reposer à température ambiante pendant 1 heure.

Recouvrir la pâte feuilletée avec une feuille de papier sulfurisé puis une seconde plaque à four bien plate. Cuire au four à 180 °C (th. 6) pendant 35 minutes. Sortir du four.

Retirer la plaque à four et le papier sulfurisé se trouvant sur le dessus de la pâte feuilletée et la retourner pour avoir le côté le plus lisse sur le dessus.

Saupoudrer avec le sucre glace et le sucre en poudre.

Cuire au four pendant 10 minutes à 220 °C (th. 7-8) pour faire fondre et caraméliser le sucre. Sortir du four et laisser refroidir.

Préparer la crème légère au chocolat : battre les jaunes d'œufs avec le sucre et la fécule de maïs. Dans une casserole, faire bouillir le lait puis le verser sur les jaunes. Reverser le tout dans la casserole hors du feu. Remettre sur feu modéré et cuire en mélangeant avec un fouet jusqu'à ce que la crème épaississe. Quand la crème est à ébullition, cuire encore 1 minute puis la verser sur le chocolat préalablement râpé et le cacao en poudre. Mélanger au fouet pour obtenir une crème lisse. Couvrir avec un film alimentaire et laisser refroidir.

Monter la crème liquide très froide en chantilly.

Quand la crème au chocolat est froide, la mettre dans un saladier. Battre à nouveau avec un fouet puis incorporer la crème fouettée.

Réaliser les millefeuilles : couper la pâte feuilletée cuite et caramélisée en rectangles de 4 x 10 cm. Préparer 3 rectangles pour chaque millefeuille. Garnir à l'aide d'une poche à douille un premier rectangle de pâte feuilletée avec de la crème légère au chocolat. Recouvrir d'un deuxième rectangle de pâte feuilletée puis garnir à nouveau de crème au chocolat. Finir le millefeuille en posant le troisième et dernier rectangle de pâte feuilletée.

96

Saupoudrer légèrement de cacao amer en poudre et de sucre glace.

Plus les millefeuilles sont frais, plus le feuilletage est croustillant.
Il est important que le film alimentaire soit en contact avec la crème lorsque celle-ci refroidit afin d'éviter la formation d'une croûte qui la rendrait granuleuse.

LA ROULADE
au chocolat et à l'orange

Le biscuit roulé au chocolat :
4 œufs
120 g de sucre en poudre
30 g de farine
25 g de cacao amer en poudre.

Le sirop :
100 g de sucre en poudre
Le zeste de 1 orange.

La ganache à l'orange :
17 cl de crème fraîche liquide
1 cuil. à café de miel
Le zeste de 1 orange
150 g de chocolat noir à 70 %
1 cuil. à café de beurre
50 g d'écorces d'orange confites.

Préparer le biscuit : casser 2 œufs, séparer les blancs des jaunes. Dans un saladier, fouetter ensemble les 2 œufs entiers, les 2 jaunes et 100 g de sucre. Tout en fouettant, faire chauffer au bain-marie jusqu'à ce que le mélange soit à 40 °C (bien tiède). Retirer du bain-marie. Fouetter ensuite au batteur électrique jusqu'à complet refroidissement. Incorporer la farine tamisée avec le cacao en poudre, puis les blancs préalablement montés en neige avec les 20 g de sucre restants.

Étaler cette pâte à biscuit sur une feuille de papier sulfurisé posée sur la plaque à four. Réaliser un carré de 35 x 35 cm environ.

Faire cuire 10 minutes au four à 200 °C (th. 6-7). Sortir du four et laisser refroidir.

Préparer le sirop : faire bouillir tous les ingrédients avec 10 cl d'eau et laisser refroidir.

Préparer la ganache : dans une casserole, faire bouillir la crème fraîche, le miel et le zeste d'orange. Couvrir avec un film plastique et laisser infuser 10 minutes. Faire bouillir à nouveau puis verser sur le chocolat préalablement râpé en filtrant à travers une petite passoire. Mélanger délicatement à l'aide d'un fouet puis ajouter le beurre en petits morceaux et les écorces d'orange confites hachées. Verser dans un plat puis recouvrir avec un film plastique. Laisser refroidir.

Décoller le biscuit roulé du papier sulfurisé, l'imbiber avec le sirop à l'orange à l'aide d'un pinceau. Étaler la ganache à l'orange sur toute la surface du biscuit puis rouler le biscuit en le serrant bien pour éviter la présence de trous au centre. Réserver 1 heure au réfrigérateur avant de servir.

Pour rouler plus facilement le biscuit, travailler sur une feuille de papier sulfurisé qui sera utilisée pour rouler le biscuit sans risquer de le déchirer.

6 30 5 240

1 fond de pâte sablée cuit à blanc (p. 105).

La crème au chocolat blanc :
35 cl de crème fraîche liquide
80 g de chocolat blanc.

Le décor :
250 g de framboises
Sucre glace.

LA TARTE
au chocolat blanc et
aux framboises

Préparer la crème au chocolat blanc : verser la crème fraîche bouillante sur le chocolat râpé. Le mélange doit être liquide. Le placer au réfrigérateur pendant au moins 2 heures. À l'aide d'un batteur électrique, fouetter la préparation pour la faire augmenter de volume. La verser dans le fond de tarte et la lisser.
Garnir la tarte avec des framboises. Saupoudrer de sucre glace. Réserver la tarte au réfrigérateur 2 heures.

6 40 10

200 g de pâte sablée (p. 105).

La crème au chocolat :
13 cl de crème fraîche liquide
125 g de chocolat noir à 60 % de cacao
1 œuf + 3 jaunes
60 g de sucre en poudre.

La garniture :
8 beaux abricots bien mûrs.

LA TARTE
aux abricots et au chocolat

Préparer un fond de tarte en pâte sablée. Le cuire puis le laisser refroidir.
Préparer la crème au chocolat : faire bouillir la crème et la verser sur le chocolat préalablement râpé. Fouetter vivement l'œuf, les jaunes d'œufs et le sucre pendant 5 minutes. Les incorporer à la première préparation en mélangeant délicatement à l'aide d'une spatule. Réserver.
Laver et dénoyauter les abricots puis les couper en quartiers. Dans le fond de tarte, disposer les quartiers d'abricot. Verser la crème au chocolat et cuire 10 minutes au four à 200 °C (th. 6-7). Sortir du four et laisser refroidir.

6 25 25 60

200 g de pâte sablée (p. 105).

La crème au chocolat au café :
10 cl de crème fraîche liquide
15 cl de lait
15 g de grains de café
2 jaunes d'œufs
40 g de sucre en poudre
140 g de chocolat noir à 70 %
de cacao.

Le décor :
Sucre glace
Cacao amer en poudre.

LA TARTE CHOCOLAT
« capuccino »

Préparer la pâte sablée : préparer un fond de pâte sablée. Le cuire 25 minutes à 160 °C (th. 5-6) puis le laisser refroidir.

Préparer la crème au chocolat au café : faire bouillir la crème fraîche et le lait. Ajouter les grains de café concassés. Mélanger et couvrir la casserole avec une assiette.

Dans un saladier, battre les jaunes d'œufs avec le sucre puis ajouter le mélange lait, crème liquide et grains de café. Mélanger, reverser le tout dans la casserole et cuire en remuant avec une spatule jusqu'à ce que la préparation épaississe. Cette dernière ne doit pas bouillir.

Passer la préparation à travers une petite passoire et la verser sur le chocolat préalablement râpé. Mélanger doucement avec un fouet afin qu'elle soit bien lisse. La verser dans le fond de tarte et placer au réfrigérateur pendant 1 heure au minimum.

Saupoudrer la tarte avec du sucre glace et du cacao en poudre.

Il convient de sortir la tarte du réfrigérateur au moins 30 minutes avant de servir.

LA TARTE
moelleuse au chocolat

Préparer la pâte sablée : dans un saladier, malaxer le beurre à la main. Ajouter le sel, le sucre et la poudre d'amande. Malaxer de nouveau puis ajouter la moitié d'un œuf. Malaxer encore et ajouter la farine. Finir de mélanger pour obtenir une pâte homogène.

Envelopper cette pâte dans un film alimentaire. Mettre au réfrigérateur pendant 2 heures.

Ramollir un peu la pâte en la travaillant à la main et l'étaler à environ 3 ou 4 mm d'épaisseur.

Disposer la pâte dans un moule à tarte ou un cercle à tarte préalablement beurré.

Mettre une feuille de papier sulfurisé sur la pâte et remplir le fond de tarte avec des haricots blancs secs.

Cuire le fond de tarte au four pendant 25 minutes à 160 °C (th. 5-6). Le laisser refroidir.

Retirer les haricots et le papier sulfurisé.

Préparer la ganache : dans une casserole, faire bouillir la crème puis la verser sur le chocolat préalablement râpé. Mélanger avec un fouet pour obtenir une préparation lisse. Ajouter l'œuf battu puis mélanger.

Ajouter le beurre en petits morceaux. Mélanger pour faire fondre le beurre.

Verser cette préparation dans le fond de tarte et cuire au four à 180 °C (th. 6) pendant 10 minutes. Sortir du four. Laisser refroidir et démouler.

Il convient de sortir la tarte du réfrigérateur 45 minutes avant de la servir.

La pâte sablée :
150 g de beurre
100 g de sucre en poudre
30 g de poudre d'amande
1 œuf
250 g de farine
Deux pincées de sel.

La ganache :
20 cl de crème fraîche liquide
170 g de chocolat noir à 70 % de cacao
1 œuf
70 g de beurre.

8 60 45

250 g de pâte sablée (p. 105).

Les choux :
15 cl de lait
1 cuil. à soupe de sucre
en poudre
110 g de beurre
140 g de farine
5 œufs
3 cuil. à soupe d'amandes
hachées
Sucre glace
Deux pincées de sel.

Crème pâtissière au chocolat :
4 jaunes d'œufs
125 g de sucre en poudre
1 cuil. à soupe de fécule de
maïs
50 cl de lait
1 noix de beurre
110 g de chocolat noir à 60 %
de cacao.

Le glaçage au chocolat :
15 cl de lait
10 cl de crème fraîche liquide
50 g de miel
200 g de chocolat noir à 70 %
de cacao
20 g de beurre.

LA TARTE
choux choux

Préparer un fond de tarte en pâte sablée. Le cuire puis le laisser refroidir.

Préparer les choux : dans une casserole, porter à ébullition le lait, 10 cl d'eau, le sel, le sucre et le beurre. Ajouter la farine hors du feu. Mélanger vivement avec une spatule en bois puis remettre sur le feu et chauffer en remuant jusqu'à ce que la pâte se décolle de la casserole.

Verser la pâte dans un saladier. La mélanger à l'aide d'une spatule en bois 2 minutes pour la refroidir légèrement. Incorporer les œufs un à un en mélangeant constamment. À l'aide d'une poche à douille, sur la plaque du four recouverte d'une feuille de papier sulfurisé, former des boules. En prévoir 4 par personne. Parsemer d'amandes hachées. Saupoudrer avec du sucre glace et cuire à 180 °C (th. 6) pendant 35 à 40 minutes. Sortir du four et laisser refroidir.

Préparer la crème pâtissière au chocolat : battre les jaunes d'œufs avec le sucre et la fécule de maïs. Faire bouillir le lait dans une casserole et en verser la moitié sur les jaunes. Reverser le tout dans la casserole puis cuire à feu modéré jusqu'à ébullition. Continuer la cuisson 1 minute après ébullition. Ajouter le beurre et le chocolat préalablement râpé. Mélanger pour obtenir une crème lisse. Verser la crème dans un plat, la recouvrir d'un film plastique puis laisser refroidir.

Préparer le glaçage au chocolat : faire bouillir ensemble le lait, la crème fraîche, le miel et verser sur le chocolat préalablement râpé. Mélanger doucement et ajouter le beurre. Utiliser ce glaçage tiède.

À l'aide d'un petit couteau, percer les choux et les remplir avec de la crème pâtissière au chocolat à l'aide d'une poche à douille. Dans le fond de tarte, étaler 1/2 cm de crème pâtissière au chocolat et disposer les choux dans la tarte. Les napper avec le glaçage au chocolat.

Veiller à ce que le film plastique soit en contact avec la crème afin d'éviter la formation d'une croûte qui la rendrait granuleuse.

6 30 25 120

200 g de pâte sablée (p. 105).

La pâte d'orange chocolatée :
200 g d'écorces d'orange confites
50 g de chocolat au lait.

La ganache :
25 cl de crème fraîche liquide
2 cuil. à soupe de miel
200 g de chocolat à 60 % de cacao
70 g de beurre.

Le décor :
Quelques tranches d'orange confites.

LA TARTE
à l'orange et au chocolat

Préparer la pâte sablée : préparer un fond de tarte en pâte sablée. Le cuire pendant 25 minutes au four à 160 °C (th. 5-6) puis le laisser refroidir.

Préparer la pâte d'orange : mixer les écorces d'orange afin d'obtenir une pâte. Faire fondre le chocolat au lait au four à micro-ondes. L'ajouter à la pâte d'orange. Mixer à nouveau. Verser la préparation obtenue dans le fond de tarte et l'étaler avec une cuillère.

Préparer la ganache : faire bouillir la crème fraîche et le miel dans une casserole. Pendant ce temps, râper le chocolat. Verser le mélange crème/miel sur le chocolat noir râpé. Mélanger doucement avec un fouet et ajouter le beurre en petits morceaux. Mélanger à nouveau.

Verser cette ganache dans le fond de tarte. Placer la tarte au réfrigérateur pendant 2 heures au minimum.

Décorer la tarte avec les tranches d'orange confites.

Il est préférable de sortir la tarte du réfrigérateur 30 minutes avant de la servir.

110

6 35 35 120

LA TARTE AUX NOIX
de pécan et au chocolat

200 g de pâte sablée (p. 105).

La crème aux noix de pécan :
70 g de noix de pécan
70 g de beurre
70 g de sucre en poudre
2 œufs
1 cuil. à soupe de farine
10 cl de crème fraîche liquide.

La ganache :
12 cl de crème fraîche liquide
1 cuil. à soupe de miel
100 g de chocolat à 70 % de cacao
30 g de beurre.

Le décor :
Une dizaine de noix de pécan.

Préparer la pâte sablée : préparer un fond de tarte en pâte sablée. Ne pas le cuire.

Préparer la crème aux noix de pécan : mixer les noix de pécan afin d'obtenir une poudre. Dans un saladier, mélanger le beurre ramolli avec le sucre. Ajouter la poudre de noix de pécan. Mélanger au fouet. Ajouter les œufs. Mélanger à nouveau. Ajouter la farine et la crème fraîche. Mélanger. Verser cette préparation dans le fond de tarte et cuire à 180 °C (th. 6) pendant 35 minutes. Sortir du four. Laisser refroidir et démouler.

Préparer la ganache : faire bouillir la crème avec le miel. Pendant ce temps, râper le chocolat. Verser la préparation miel-crème sur le chocolat râpé. Mélanger doucement avec un fouet et ajouter le beurre en morceaux. Mélanger à nouveau.

Verser cette ganache sur la tarte. Lisser avec un grand couteau. Réserver la tarte au réfrigérateur pendant 2 heures. Décorer avec les noix de pécan.

Il convient de sortir ce dessert du réfrigérateur 45 minutes avant de le servir.

8 40 35 60

LA TROPÉZIENNE
au chocolat

La brioche :
250 g de pâte à brioche achetée chez le pâtissier
1 cuil. à soupe de farine
1 œuf
50 g d'amandes effilées
Une pincée de sel.

La crème légère au chocolat :
3 jaunes d'œufs
70 g de sucre en poudre
25 g de fécule de maïs
30 cl de lait
70 g de chocolat noir à 50 %
de cacao
1 cuil. à café de cacao amer
en poudre
15 cl de crème fraîche liquide.

Le décor :
1 cuil. à soupe de sucre glace.

Préparer la brioche : à l'aide d'un rouleau à pâtisserie, étaler la pâte à brioche en la saupoudrant légèrement avec de la farine. Quand la pâte est à environ 1 cm d'épaisseur, la poser sur une plaque à four recouverte d'un papier sulfurisé. Poser une assiette sur la pâte. La couper avec un petit couteau au diamètre de l'assiette. Ôter l'assiette ainsi que l'excédent de pâte. Casser l'œuf dans un bol. Fouetter avec une fourchette et y ajouter le sel. Étaler délicatement de la dorure d'œuf sur la pâte à brioche à l'aide d'un pinceau.
Laisser reposer la brioche à température ambiante pendant 1 heure. La brioche va doubler de volume.
Étaler à nouveau la dorure d'œuf à l'aide d'un pinceau sur le dessus de la brioche et parsemer d'amandes effilées.
Faire cuire 35 minutes dans le four à 180 °C (th. 6). Sortir la brioche du four et laisser refroidir.
Préparer la crème légère au chocolat : battre les jaunes d'œufs avec le sucre et la fécule de maïs. Dans une casserole, faire bouillir le lait puis le verser sur les jaunes. Reverser le tout dans la casserole hors du feu. La remettre sur feu modéré et cuire en mélangeant avec un fouet jusqu'à ce que la crème épaississe. Quand la crème est à ébullition, cuire encore 1 minute puis la verser sur le chocolat préalablement râpé et le cacao en poudre. Mélanger au fouet pour obtenir une crème lisse. Couvrir avec un film et laisser refroidir.
Monter la crème fraîche très froide en chantilly.
Quand la crème au chocolat est froide, la mettre dans un saladier. Battre à nouveau avec un fouet puis incorporer la crème fouettée.
Réaliser le décor : couper la brioche en deux dans le sens de l'épaisseur puis garnir la première épaisseur avec la crème légère au chocolat à l'aide d'une cuillère à soupe. Recouvrir avec la seconde épaisseur de brioche. Saupoudrer avec du sucre glace.

Ce dessert peut être accompagné de crème anglaise à la vanille.

LES AIGUILLETTES
d'orange

300 g de quartiers d'écorce
d'orange confite
Environ 500 g de chocolat noir à
60 % de cacao.

Égoutter les quartiers d'orange confite puis les poser sur un papier absorbant. Couper dans le sens de la longueur pour obtenir de belles aiguillettes pas trop fines. À l'aide d'une fourchette, les tremper une à une dans le chocolat fondu et tempéré (p. 10). Les poser sur une feuille de papier sulfurisé. Les laisser refroidir et durcir à température ambiante. Passer les aiguillettes trempées dans le chocolat environ 30 minutes au réfrigérateur et les décoller du papier sulfurisé.

Les écorces d'orange doivent être très moelleuses. Il est préférable de les acheter dans leur sirop. Prévoir une quantité suffisante de chocolat pour pouvoir tremper les aiguillettes d'orange facilement.

LES AMANDES
chocolatées

75 g de sucre en poudre
1 cuil. à soupe de miel
300 g d'amandes blanches
entières
2 cuil. à café de beurre
120 g de chocolat noir à 60 %
de cacao
Cacao amer en poudre.

Dans une casserole, faire bouillir 3 cuillerées à soupe d'eau, le sucre et le miel. Verser ce mélange sur les amandes. Bien mélanger pour les enrober de ce sirop. Verser et étaler les amandes sur une plaque à four recouverte d'une feuille de papier sulfurisé. Cuire au four à 180 °C (th. 6) pendant 20 minutes. Les amandes doivent être caramélisées. Sortir du four et ajouter le beurre. Mélanger et laisser refroidir. Quand les amandes sont froides, les mélanger avec le chocolat fondu et tempéré (p. 10) puis les rouler dans le cacao amer en poudre. Laisser les amandes refroidir et durcir 30 minutes dans le cacao. Les disposer dans une petite passoire pour enlever l'excédent de cacao.

LES AMARETTIS
au chocolat

La veille, préparer les « amarettis » : dans un robot, mixer ensemble les amandes, 175 g de sucre et les écorces d'orange confites. Lorsque le mélange est en poudre, ajouter 2 blancs d'œufs puis mixer jusqu'à obtention d'une pâte.

Dans un saladier, monter les 2 blancs d'œufs restants en neige avec le reste du sucre. Lorsque les blancs en neige sont bien fermes, les incorporer peu à peu au premier mélange à l'aide d'une spatule en bois. Mélanger délicatement. À l'aide d'une poche à douille, sur une plaque à four recouverte de papier sulfurisé, former des boules. Laisser reposer et sécher à température ambiante jusqu'au lendemain.

Le lendemain, cuire les « amarettis » 10 minutes à 200 °C (th. 6-7). Sortir du four et laisser refroidir.

Préparer la ganache : dans une casserole, faire bouillir la crème fraîche, le zeste d'orange et le miel. Couvrir la casserole avec un film plastique et laisser infuser 5 minutes. Faire bouillir à nouveau puis verser sur le chocolat préalablement râpé en filtrant à travers une petite passoire. Mélanger puis ajouter le beurre en petits morceaux. Verser dans un plat. Recouvrir avec un film plastique. Laisser refroidir.

Quand la ganache a épaissi, garnir les « amarettis » et les coller deux par deux.

Ce petit four peut accompagner le café et convient parfaitement pour les goûters.

La pâte à « amarettis » :
160 g d'amandes blanches entières
225 g de sucre en poudre
50 g d'écorces d'orange confites
4 blancs d'œufs.

La ganache :
14 cl de crème fraîche liquide
Le zeste de 1 orange
1 cuil. à café de miel
125 g de chocolat noir à 70 % de cacao
1 cuil. à café de beurre.

100 g de poudre de noisette
60 g de sucre glace
40 g de farine
6 cl de lait
3 blancs d'œufs
20 g de sucre en poudre
50 g de beurre
150 g de pâte à tartiner.

LES BIARRITZ
au chocolat

Dans un saladier, mélanger la poudre de noisette, le sucre glace et la farine. Ajouter ensuite le lait. Mélanger à nouveau puis incorporer les blancs montés en neige avec le sucre. Mélanger délicatement. Ajouter enfin le beurre fondu tiède. À l'aide d'une poche à douille, former des boules sur une plaque à four recouverte d'un papier sulfurisé.
Cuire au four à 180 °C (th. 6). Sortir du four et laisser refroidir. Garnir et coller deux par deux les biarritz avec de la pâte à tartiner.

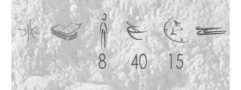

4 blancs d'œufs
40 g de sucre en poudre
125 g de poudre d'amande
90 g de sucre glace
75 g d'amandes hachées.

Le décor et la finition :
300 g de chocolat noir à 70 % de cacao.

LES BÂTONS
de maréchaux

Dans un saladier, monter les blancs d'œufs en neige avec le sucre en poudre à l'aide d'un batteur électrique. Ajouter la poudre d'amande et le sucre glace tamisés ensemble. Mélanger à l'aide d'une spatule en bois. Sur une plaque recouverte d'une feuille de papier sulfurisé, former avec une poche à douille des bâtonnets de 5 à 6 cm de long. Les parsemer avec les amandes hachées.
Cuire à 180 °C (th. 6) pendant 15 minutes. Sortir du four et laisser refroidir.
Finir les bâtons de maréchaux : faire fondre et tempérer le chocolat noir (p. 10). Tremper le côté plat des bâtons de maréchaux dans le chocolat. Lisser avec un couteau. Laisser refroidir et durcir à température ambiante.

Ce petit four accompagne parfaitement une glace ou un sorbet.

8 60 10 12 h

50 g de chocolat au lait
250 g de praliné à la noisette
acheté chez le pâtissier
1 cuil. à soupe de sucre en
poudre
100 g d'amandes hachées
500 g de chocolat noir à 60 %
de cacao.

LES CARRÉS PRALINÉ

La veille : tapisser le fond d'un moule de 15 x 15 cm avec une feuille de papier sulfurisé.

Faire fondre le chocolat au lait et le mélanger au praliné. Chauffer le tout à 40 °C au bain-marie et le tempérer comme un chocolat au lait (p. 10). Verser dans le moule. La préparation est assez liquide. Tapoter légèrement le moule pour lisser la surface. Laisser refroidir et durcir pendant 12 heures à température ambiante.

Le lendemain : démouler à l'aide d'un petit couteau puis décoller la feuille de papier sulfurisé. Couper des petits carrés de 2 cm de côté.

Préparer les amandes caramélisées : faire bouillir 1 cuillerée à soupe d'eau et le sucre, mélanger ce sirop avec les amandes hachées. Verser et étaler les amandes sur la plaque du four recouverte d'une feuille de papier sulfurisé.

Faire griller et caraméliser au four à 200 °C (th. 6-7) pendant 10 minutes. Sortir du four et laisser refroidir.

Préparer le chocolat noir tempéré (p. 10). À l'aide d'une fourchette à tremper, plonger un à un les carrés praliné dans le chocolat puis les poser sur une feuille de papier sulfurisé. Parsemer le dessus des carrés des amandes caramélisées avant que le chocolat ne durcisse. Laisser refroidir et durcir les carrés praliné à température ambiante puis les passer 30 minutes au réfrigérateur. Les décoller du papier sulfurisé avant de les déguster.

Il est préférable de les déguster à température ambiante.

8 30 24 h

250 g de cerises à l'alcool avec la queue
300 g de fondant acheté chez le pâtissier
Chocolat noir à 70 % de cacao.

LES CERISES
déguisées

Égoutter délicatement les cerises sans casser la queue et les poser sur un papier absorbant. Dans une casserole, faire fondre le fondant jusqu'à ce qu'il soit bien chaud. S'il est trop épais, le ramollir avec un petit peu d'eau chaude. Tremper les cerises une à une dans le fondant et les poser sur une feuille de papier sulfurisé. Laisser refroidir. Tremper à nouveau les cerises dans le chocolat fondu et tempéré (p. 10). Les poser sur une feuille de papier sulfurisé et laisser refroidir et durcir. Servir le lendemain.

Les cerises déguisées doivent être réalisées la veille pour être moelleuses et juteuses.

LES CROQUANTS
au chocolat

6 40 20

Préparer le croquant : dans une casserole à fond épais, faire bouillir ensemble le beurre, le sucre, le lait et le miel. Cuire en mélangeant avec une spatule en bois pendant 4 à 5 minutes jusqu'à ce que le mélange jaunisse. Ajouter les amandes effilées. Mélanger. Verser sur une plaque à four recouverte d'une feuille de papier sulfurisé. Couvrir avec une autre feuille de papier sulfurisé puis étaler avec un rouleau. Retirer le papier du dessus. Cuire au four à 180 °C (th. 6) pendant 15 minutes. Le croquant doit avoir la couleur d'une nougatine. Sortir du four, laisser refroidir. Casser en gros morceaux.

Préparer le chocolat : faire fondre le chocolat et le tempérer (p. 10).

Tremper partiellement les morceaux de croquant. Les poser sur une feuille de papier sulfurisé et les laisser refroidir. Les décoller du papier sulfurisé.

Les croquants au chocolat accompagnent agréablement un café.

Le croquant :
125 g de beurre
150 g de sucre en poudre
5 cl de lait
1 cuil. à soupe de miel
150 g d'amandes effilées.

Le chocolat :
300 g de chocolat noir à 70 % de cacao.

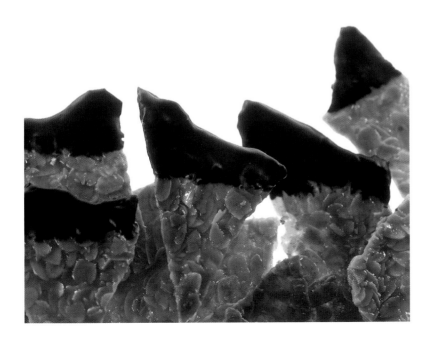

2 cuil. à soupe de sucre en poudre
250 g d'amandes effilées
Quelques gouttes de fleur d'oranger
50 g d'écorces d'orange confites
100 g de chocolat noir à 60 % de cacao.

LES CROUSTILLES

Faire bouillir 2 cuillerées à soupe d'eau et le sucre dans une casserole puis mélanger les amandes effilées à ce sirop. Ajouter la fleur d'oranger. Étaler les amandes sur la plaque à four recouverte d'une feuille de papier sulfurisé. Cuire au four à 180 °C (th. 6) pendant 15 minutes. Les amandes sont caramélisées. Sortir du four et laisser refroidir. Les verser dans un saladier. Ajouter les écorces d'orange confites préalablement hachées finement. Ajouter le chocolat fondu et tempéré (p. 10) puis, sur une feuille de papier sulfurisé, former des petits tas à l'aide d'une petite cuillère. Laisser refroidir et durcir à température ambiante puis passer 30 minutes au réfrigérateur. Décoller les croustilles du papier sulfurisé avant de les déguster.

La meringue :
2 blancs d'œufs
100 g de sucre en poudre
100 g de sucre glace.

Le décor :
300 g de chocolat au lait.

LES DOIGTS DE FÉE
au chocolat

Préparer la meringue : monter les blancs en neige avec le sucre en poudre. Ajouter le sucre glace et mélanger délicatement avec une spatule en bois. À l'aide d'une poche à douille, sur une plaque à four recouverte d'une feuille de papier sulfurisé, former de longs bâtonnets assez fins de meringue. Cuire à 140 °C (th. 4-5) pendant 1 heure. Sortir du four et laisser refroidir.
Décorer les doigts de fée : faire fondre le chocolat au lait et le tempérer (p. 10). Casser les meringues en bâtonnets de 7 cm de long et tremper l'une des deux extrémités dans le chocolat au lait. Les poser sur un plateau recouvert d'une feuille de papier sulfurisé. Laisser refroidir. Décoller du papier.

LES FRAISES
en costume

8 30   30

500 g de fraises ou 24 belles fraises
250 g de chocolat blanc
150 g de chocolat noir à 60 % de cacao.

Laver les fraises en conservant la queue. Les égoutter sur un papier absorbant. Bien les sécher. Tremper les fraises une à une aux trois quarts dans le chocolat blanc fondu et tempéré (p. 10). Les poser sur une feuille de papier sulfurisé. Laisser durcir le chocolat blanc puis tremper juste la pointe des fraises dans le chocolat noir fondu et tempéré (p. 10). Poser les fraises à nouveau sur une feuille de papier sulfurisé puis les laisser refroidir et durcir. Les passer 30 minutes au réfrigérateur et les décoller du papier sulfurisé avant de les déguster.

LES HÉRISSONS

8 30 20 30

1 cuil. à soupe de sucre en poudre
120 g d'amandes effilées
350 g de chocolat noir à 60 % de cacao
50 g de pâte à tartiner au chocolat et à la noisette
2 cuil. à soupe de cacao amer en poudre.

Dans une casserole, faire bouillir 1 cuillerée à soupe d'eau et le sucre. Dans un saladier, verser le sirop obtenu sur les amandes effilées, mélanger avec une spatule en bois et verser sur une plaque recouverte d'une feuille de papier sulfurisé. Cuire au four à 180 °C (th. 6) pendant 20 minutes. Les amandes doivent être caramélisées. Sortir du four et laisser refroidir.
Faire fondre le chocolat au bain-marie. Ajouter la pâte à tartiner et tempérer (p. 10).
À l'aide d'une poche à douille, former des petites boules de chocolat tempéré sur un plateau recouvert d'une feuille de papier sulfurisé. Attendre que le chocolat commence à durcir et piquer quelques amandes effilées caramélisées dans chaque boule. Passer 30 minutes au réfrigérateur, décoller les hérissons du papier sulfurisé puis saupoudrer avec du cacao en poudre.

75 g de noisettes entières
75 g d'écorces d'orange confites
300 g de chocolat noir à 70 % de cacao
50 g de pâte à tartiner
60 g de raisins secs.

LES MENDIANTS
au chocolat

Faire griller les noisettes entières pendant 15 minutes à 180 °C (th. 6). Sortir les noisettes et les laisser refroidir. Couper les écorces d'orange confites en losange. Faire fondre le chocolat coupé en morceaux. Ajouter la pâte à tartiner. À l'aide d'une poche à douille, former des boules de chocolat tempéré sur une feuille de papier sulfurisé posée sur un plateau. Tapoter légèrement le plateau pour aplatir les boules de chocolat et déposer sur chacune 1 noisette, 2 ou 3 raisins secs et 1 losange d'écorce d'orange confite. Laisser refroidir et durcir les mendiants à température ambiante. Passer 30 minutes au réfrigérateur puis décoller les mendiants du papier sulfurisé.

LES MUSCADINES

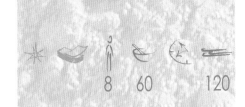

8   60   120

Dans une casserole, faire bouillir la crème et le miel. Verser sur 280 g de chocolat au lait préalablement râpé finement et la pâte à tartiner. Mélanger pour obtenir une ganache lisse. Ajouter le Grand Marnier.

Verser la ganache dans un plat et la laisser refroidir. Quand elle est froide et qu'elle a la consistance d'une mayonnaise bien ferme, former des boudins à l'aide d'une poche à douille et les disposer sur une feuille de papier sulfurisé. Ils doivent être de la longueur du plateau ou de la plaque de travail. Laisser refroidir et durcir au moins 2 heures. Couper de petites bûchettes de 5 cm environ. Préparer le chocolat au lait tempéré avec le reste de chocolat (p. 10). Plonger les bûchettes à l'aide d'une fourchette à tremper dans le chocolat puis les rouler directement dans le sucre glace à l'aide d'une autre fourchette.

Laisser les muscadines durcir dans le sucre glace et les agiter dans une petite passoire pour retirer l'excédent de sucre glace.

10 cl de crème fraîche liquide
2 cuil. à café de miel
780 g de chocolat au lait
50 g de pâte à tartiner
2 cuil. à soupe de Grand Marnier
250 g de sucre glace.

10 20 12 5

75 g de raisins secs
50 g de rhum
90 g de beurre
90 g de sucre glace
3 blancs d'œufs
90 g de farine
1 cuil. à soupe de cacao amer
en poudre.

LES PALETS
au chocolat

Faire bouillir de l'eau dans une casserole. Y plonger les raisins secs et les laisser gonfler 5 minutes. Égoutter. Placer les raisins dans un petit récipient puis verser le rhum. Couvrir avec un film plastique. Laisser macérer.

Dans un saladier, ramollir le beurre au bain-marie puis mélanger à l'aide d'un fouet. Ajouter successivement en mélangeant le sucre glace, les blancs d'œufs puis la farine tamisée avec le cacao en poudre. Mélanger jusqu'à obtention d'une pâte lisse. À l'aide d'une poche à douille, former des boules de pâte sur une plaque à four préalablement beurrée. Poser 3 raisins au rhum sur chaque boule.

Cuire au four à 200 °C (th. 6-7) pendant 10 à 12 minutes. À la sortie du four, décoller les palets à l'aide d'un couteau puis laisser refroidir.

10 20 12

90 g de beurre
90 g de sucre glace
3 blancs d'œufs
100 g de farine
50 g de noisettes entières
50 g de chocolat noir à 70 %
de cacao.

LES PALETS
aux noisettes et au chocolat

Dans un saladier, ramollir le beurre au bain-marie, puis le mélanger à l'aide d'un fouet au sucre glace. Ajouter les blancs d'œufs puis la farine. Mélanger jusqu'à obtention d'une pâte lisse. À l'aide d'une poche à douille, former des boules de pâte sur une plaque à four préalablement beurrée. Parsemer les noisettes concassées et le chocolat préalablement râpé. Cuire au four à 200 °C (th. 6-7) pendant 10 à 12 minutes. Sortir du four. Décoller les palets à l'aide d'un couteau puis laisser refroidir.

8 20 5 30

190 g de sucre en poudre
225 g de noix de coco râpée
1 cuil. à soupe de confiture d'abricots
3 blancs d'œufs
500 g de chocolat noir à 60 % de cacao.

LES ROCHERS COCO
au chocolat

Dans un saladier, mélanger le sucre, la noix de coco râpée, la confiture d'abricots et les blancs d'œufs. Faire chauffer au bain-marie jusqu'à ce que le mélange soit tiède. Sur une feuille de papier sulfurisé disposée sur la plaque du four, former à l'aide d'une cuillère des petits rochers. Cuire au four à 220 °C (th. 7-8) jusqu'à coloration, soit environ 4 à 5 minutes. Sortir du four, laisser refroidir.

Tremper la base des rochers dans le chocolat fondu et tempéré (p. 10). Poser les rochers sur une feuille de papier sulfurisé. Laisser refroidir et durcir à température ambiante. Passer les rochers 30 minutes au réfrigérateur et les décoller du papier sulfurisé.

8 20 15

190 g de beurre
75 g de sucre glace
1 blanc d'œuf
200 g de farine
1 cuil. à soupe de cacao en poudre
150 g de pâte à tartiner
Une pincée de sel.

LES SABLÉS ROSACE

Dans un saladier, travailler à l'aide d'une spatule en bois le beurre ramolli puis incorporer le sucre glace et le sel. Incorporer le blanc d'œuf puis la farine tamisée avec le cacao en poudre. Mélanger jusqu'à obtention d'une pâte lisse et homogène. À l'aide d'une poche à douille, former des rosaces sur une feuille de papier sulfurisé disposée sur la plaque du four.

Cuire 15 minutes à 180 °C (th. 6). Sortir du four et laisser refroidir. À l'aide d'une cuillère, coller les sablés deux à deux avec de la pâte à tartiner.

10 30 20 180

150 g de beurre
100 g de sucre glace
30 g de poudre d'amande
2 œufs
250 g de farine
25 g de cacao amer en poudre
Deux pincées de sel.

LES SABLÉS ROULÉS

Préparer la pâte sablée : dans un saladier, ramollir le beurre en le malaxant à la main. Ajouter le sucre glace, une pincée de sel et la poudre d'amande. Malaxer à nouveau pour avoir un mélange homogène. Ajouter 1 œuf. Continuer à mélanger puis ajouter la farine tamisée avec le cacao en poudre. Envelopper la pâte dans un film plastique puis la réserver au réfrigérateur 2 heures au minimum.

Dans un bol, casser l'œuf restant, le battre avec une pincée de sel.

Étaler la pâte sablée au chocolat à 3 mm d'épaisseur et découper un rectangle deux fois plus long que large. À l'aide d'un pinceau, badigeonner toute la surface à l'œuf battu avec le reste de sel. Rouler la pâte en serrant bien pour former un rouleau régulier. Le mettre au moins 1 heure au congélateur.

Sortir le rouleau puis couper des tranches de 8 à 10 mm d'épaisseur. Mettre les sablés sur une plaque à four recouverte d'une feuille de papier sulfurisé. Cuire 20 minutes au four à 180 °C (th. 6). Sortir du four et laisser refroidir.

LES TRUFFES DU JOUR

14 cl de crème fraîche liquide
1 cuil. à soupe de miel
1 gousse de vanille
260 g de chocolat à 60 %
de cacao
30 g de beurre
100 g de cacao amer
en poudre.

Dans une casserole, faire bouillir la crème, le miel et la gousse de vanille fendue et grattée. Dans un mixeur, hacher le chocolat et verser dessus le mélange crème et miel après avoir retiré la gousse de vanille. Mixer à nouveau, ajouter le beurre en petits morceaux. Mixer encore. Verser cette ganache dans un plat à gâteau carré tapissé d'une feuille de papier sulfurisé. Faire durcir au réfrigérateur pendant 2 heures. Démouler, décoller la feuille de papier sulfurisé et découper en petits carrés. Les rouler dans le cacao en poudre tamisé. Servir très frais.

LES TRUFFES
au Grand Marnier

12 cl de crème fraîche liquide
1 cuil. à soupe de miel
225 g de chocolat noir à 60 %
de cacao
2 cuil. à soupe de Grand
Marnier
Cacao amer en poudre.

La veille : dans une casserole, faire bouillir la crème avec le miel. Les verser sur le chocolat préalablement râpé. Ajouter le Grand Marnier. Sur un papier sulfurisé, à l'aide d'une poche à douille, former des boules. Laisser refroidir et durcir jusqu'au lendemain.
Le lendemain, rouler les truffes entre ses mains pour les rendre bien rondes. Les passer dans le cacao amer en poudre puis les poser dans un plat.

138

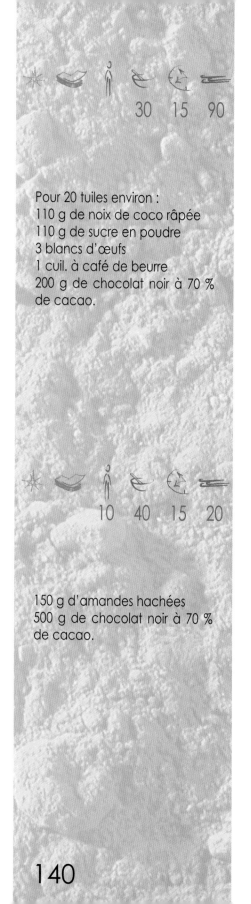

Pour 20 tuiles environ :
110 g de noix de coco râpée
110 g de sucre en poudre
3 blancs d'œufs
1 cuil. à café de beurre
200 g de chocolat noir à 70 %
de cacao.

TUILES À LA NOIX
de coco et au chocolat

Mélanger la noix de coco râpée, le sucre et les blancs d'œufs puis le beurre fondu. Sur une plaque recouverte d'une feuille de papier sulfurisé, déposer des boules de pâte. Les aplatir. Les tuiles doivent être régulières.
Cuire au four à 180 °C (th. 6) pendant 15 minutes. Elles doivent garder une couleur assez claire. Sortir du four et laisser refroidir.
Au bain-marie, faire fondre 140 g de chocolat. Ajouter le reste du chocolat râpé très fin et mélanger. Y tremper la moitié des tuiles. Les poser au fur et à mesure sur une feuille de papier sulfurisé. Laisser le chocolat durcir.

10 40 15 20

150 g d'amandes hachées
500 g de chocolat noir à 70 %
de cacao.

LES TUILES
au chocolat

Étaler les amandes sur une plaque à four recouverte d'une feuille de papier sulfurisé. Faire griller 15 minutes à 180 °C (th. 6). Les amandes doivent être colorées. Sortir du four et laisser refroidir.
Faire fondre le chocolat noir et le tempérer (p. 10).
Mélanger les amandes au chocolat noir. Déposer 5 petites boules de chocolat aux amandes sur une bande de papier sulfurisé disposée sur un plateau. Étaler chacune d'entre elles à la fourchette puis former des disques bien ronds.
Quand le chocolat commence à durcir, mettre la bande de papier sur un rouleau à pâtisserie pour former les tuiles. Laisser refroidir. Passer au réfrigérateur 20 minutes. Les décoller du papier. Renouveler l'opération jusqu'à épuisement de la pâte à tuile.

8   40   5-6

La crème pâtissière au chocolat :
2 jaunes d'œufs
63 g de sucre en poudre
1/2 cuil. à soupe de fécule
de maïs
25 cl de lait
1/2 noix de beurre
55 g de chocolat noir à 60 %
de cacao.

Les bricks :
8 feuilles de brick
1 œuf.

LES BRICKS
au chocolat

Préparer la crème pâtissière au chocolat : battre les jaunes d'œufs avec le sucre et la fécule de maïs. Faire bouillir le lait dans une casserole et en verser la moitié sur les jaunes d'œufs. Reverser le tout dans la casserole puis cuire à feu modéré jusqu'à ébullition. Continuer la cuisson 1 minute après ébullition. Ajouter le beurre et le chocolat préalablement râpé. Mélanger pour obtenir une crème lisse. Verser la crème dans un plat, la recouvrir d'un film plastique puis laisser refroidir.

Couper chaque feuille de brick en bandes de 5 à 6 cm de largeur. Déposer une cuillerée à café de crème pâtissière au chocolat à l'extrémité d'une bande de pâte à brick. Rabattre la pâte sur elle-même en enfermant la crème au chocolat de manière à former un triangle. La rabattre à nouveau et poursuivre jusqu'au bout de la bande de pâte. On obtient une pâtisserie triangulaire. Coller les extrémités du brick avec de l'œuf battu appliqué à l'aide d'un pinceau. Chauffer de l'huile de friture et frire les bricks 5 à 6 minutes. Les égoutter sur un papier absorbant. Servir bien chaud 4 bricks par personne.

Il est important de bien fermer les bricks pour qu'ils ne s'ouvrent pas à la cuisson. Les accompagner d'une boule de glace à la vanille.

10   30   5

LA BROCHETTE
de fruits au chocolat

Les brochettes :
2 bananes
1 citron
5 abricots
30 g de sucre en poudre
1 cuil. à soupe de Grand Marnier
3 oranges
10 fraises
150 g de framboises.

La sauce au chocolat :
30 cl de lait
20 cl de crème fraîche liquide
1 cuil. à soupe de sucre en poudre
125 g de chocolat noir à 70 % de cacao.

Préparer les fruits : éplucher les bananes, couper des tranches de 1 cm d'épaisseur et les arroser avec le jus du citron pour éviter qu'elles ne noircissent.

Laver les abricots, les dénoyauter, les couper en quatre et les faire macérer dans le sucre et le Grand Marnier.

Éplucher minutieusement les oranges de manière à ôter la peau blanche puis séparer les quartiers.

Laver les fraises.

Piquer les fruits sur des brochettes, en alternant les formes et les couleurs.

Préparer la sauce au chocolat : dans une casserole, faire bouillir le lait, la crème fraîche et le sucre. En verser un tiers sur le chocolat préalablement râpé. Mélanger vivement au fouet puis verser le reste. Mélanger pour obtenir une sauce lisse et brillante.

Au moment de servir, poser chaque brochette de fruits sur une assiette blanche et les napper avec la sauce au chocolat.

Cette recette varie en fonction des fruits de saison.

146

8 30

Les fruits :
4 clémentines
1 petit ananas
16 fraises
2 poires
3 bananes
2 cuil. à soupe de jus de citron.

La fondue :
50 cl de crème fraîche liquide
2 cuil. à soupe de miel
350 g de chocolat à 70 %
de cacao
1 cuil. à soupe de Grand
Marnier.

LA FONDUE
au chocolat

Préparer tous les fruits : éplucher les clémentines et séparer les quartiers. Éplucher l'ananas et le couper en gros dés.
Laver les fraises et les équeuter. Éplucher les poires et les couper en gros quartiers.
Éplucher les bananes, les couper en tronçons et les arroser de jus de citron pour éviter qu'elles ne noircissent.
Mettre tous les fruits frais dans des coupelles. En prévoir une par convive. Réserver au réfrigérateur.
Préparer la fondue : dans une casserole, faire bouillir la crème fraîche et le miel. Verser sur le chocolat préalablement râpé.
Mélanger puis ajouter le Grand Marnier. Couvrir avec un film plastique. Réserver au réfrigérateur.
Au moment de servir, tiédir la fondue au chocolat.
Chaque convive plongera ses fruits dans le chocolat chaud.

Veiller à ce que le film plastique soit en contact avec la crème afin d'éviter qu'elle ne croûte, ce qui la rendrait granuleuse.

6 30 20 180

LE GÂTEAU
coulant chocolat pistache

Le cœur de pistache :
10 cl de crème fraîche liquide
1 jaune d'œuf
25 g de sucre en poudre
15 g de pistaches
1 cuil. à café de kirsch.

Le biscuit :
2 œufs
75 g de sucre en poudre + 2 cuil.
à soupe pour les moules
70 g de chocolat noir à 70 %
de cacao
60 g de beurre
40 g de farine
1 cuil. à café de crème fraîche.

Préparer le cœur de pistache : dans une casserole, faire bouillir la crème fraîche. Verser sur le jaune d'œuf battu avec le sucre. Remettre le tout dans la casserole et faire cuire à feu doux en mélangeant avec une spatule jusqu'à ce que la crème épaississe. Elle ne doit pas bouillir. Verser la crème dans un saladier en la filtrant à travers une petite passoire.
Mixer les pistaches jusqu'à obtention d'une pâte puis ajouter le kirsch. Ajouter cette pâte à la crème précédente. Verser la préparation dans le creux d'un bac à glaçons puis mettre environ 2 heures au congélateur.
Préparer le biscuit : dans un saladier, battre les œufs avec le sucre au batteur électrique jusqu'à ce que le mélange épaississe et soit très mousseux. Ajouter le chocolat et le beurre, tous deux fondus. Mélanger, ajouter la farine tamisée puis la crème fraîche.
Beurrer des ramequins et tapisser l'intérieur avec du sucre en poudre. Les remplir au tiers avec la pâte à biscuit, déposer 1 glaçon de crème pistache puis remplir à nouveau aux trois quarts les ramequins avec la pâte à biscuit. Placer au congélateur pendant 1 heure.
Cuire les gâteaux 18 à 20 minutes dans le four à 180 °C (th. 6). Sortir du four, démouler chaque gâteau sur une assiette et servir aussitôt.

Il est possible d'accompagner ces gâteaux avec quelques cerises au kirsch.

8 40 5

La crème pâtissière
au chocolat :
2 jaunes d'œufs
63 g de sucre en poudre
1/2 cuil. à soupe de fécule
de maïs
25 cl de lait
1/2 noix de beurre
55 g de chocolat noir à 60 %
de cacao.

Les raviolis :
400 g de pâte à nouilles fraîche
1 œuf
1 cuil. à soupe d'huile
Quelques brisures de fèves de
cacao ou de chocolat
5 g de sel de Guérande.

LES RAVIOLIS
au chocolat

Préparer la crème pâtissière au chocolat : battre les jaunes d'œufs avec le sucre et la fécule de maïs. Faire bouillir le lait dans une casserole et en verser la moitié sur les jaunes. Reverser le tout dans la casserole puis cuire à feu modéré jusqu'à ébullition. Continuer la cuisson 1 minute après ébullition. Ajouter le beurre et le chocolat préalablement râpé. Mélanger pour obtenir une crème lisse. Verser la crème dans un plat, la recouvrir d'un film plastique puis laisser refroidir.
Étendre la pâte fraîche. Découper des disques à l'aide d'un emporte-pièce cannelé de 6 cm de diamètre. En garnir la moitié avec une cuillerée de crème pâtissière au chocolat. Badigeonner les bords avec de l'œuf battu à l'aide d'un pinceau. Refermer chaque disque de pâte sur lui-même pour former un petit chausson, puis bien appuyer sur les bords pour les souder.
Faire bouillir une casserole d'eau avec l'huile et le sel de Guérande puis cuire les raviolis 5 minutes. Les égoutter. En disposer 4 par assiette. Décorer en saupoudrant quelques brisures de fèves de cacao ou de chocolat.
Servir immédiatement.

Ces raviolis peuvent être accompagnés de crème anglaise.

2-3   20   15

2 œufs + 3 blancs
140 g de chocolat à 60 %
de cacao
40 g de beurre
60 g de sucre en poudre
1 cuil. à soupe de cacao amer
en poudre
1 cuil. à soupe de farine
Sucre glace pour le décor.

LE SOUFFLÉ
au chocolat

Casser les œufs entiers, séparer les blancs des jaunes.
Faire fondre le chocolat au bain-marie et y ajouter le beurre.
Mélanger hors du feu pour que le mélange soit lisse. Monter les 5 blancs d'œufs avec le sucre jusqu'à obtention de blancs en neige assez fermes. Ajouter les jaunes d'œufs puis mélanger très délicatement avec une spatule. Ajouter le chocolat, le beurre, le cacao amer et la farine. Mélanger à nouveau très délicatement. Dès que la préparation est lisse, cesser de mélanger pour ne pas la faire retomber.
La verser dans un moule à soufflé beurré et sucré avec du sucre en poudre.
Faire cuire 40 minutes dans le four à 170 °C (th. 5-6).
Sortir du four et saupoudrer avec du sucre glace.
Servir aussitôt.

Veiller à ne pas trop cuire le soufflé car il serait moins crémeux et plus sec.

8 15 120

30 cl de crème fraîche liquide
70 cl de lait
1 cuil. à soupe de sucre
en poudre
230 g de chocolat à 70 %
de cacao.

CHOCOLAT GLACÉ

Dans une casserole, faire bouillir ensemble la crème, le lait et le sucre. Verser cette préparation sur le chocolat préalablement râpé. Mélanger énergiquement. Couvrir avec un film plastique. Laisser refroidir. Réserver au minimum 2 heures avant de servir dans des tasses glacées.

8 20 120

Le crémeux au chocolat et au café :
10 cl de crème fraîche liquide
15 cl de lait
15 g de grains de café
2 jaunes d'œufs
40 g de sucre en poudre
140 g de chocolat noir à 70 % de cacao.

CAFÉ ET SON
crémeux au chocolat

Préparer le crémeux au chocolat et au café : faire bouillir la crème fraîche et le lait. Ajouter les grains de café préalablement concassés. Mélanger et couvrir la casserole avec une assiette.

Dans un saladier, battre les jaunes d'œufs avec le sucre puis ajouter le mélange lait, crème et grains de café. Remuer et reverser le tout dans la casserole. Cuire en remuant avec une spatule jusqu'à ce que la préparation épaississe. Cette dernière ne doit pas bouillir.

Filtrer la préparation à travers une petite passoire et la verser sur le chocolat préalablement râpé. Mélanger doucement avec un fouet afin qu'elle soit bien lisse. La verser dans le fond de tarte et placer au réfrigérateur pendant 1 heure au minimum.

Le café : préparer un café assez fort pour 8 personnes. Le servir dans des mazagrans. Déposer sur le dessus une cuillerée à soupe de crémeux au chocolat et au café.

Servir immédiatement.

8   20   5   10

LE CHOCOLAT
chaud à la menthe

Le chocolat chaud :
35 cl de lait
45 cl de crème fraîche liquide
2 cuil. à soupe de sucre en poudre
180 g de chocolat noir à 70 % de cacao.

Le mousseux cacao à la menthe :
15 cl de lait
5 feuilles de menthe moyennes
1 cuil. à soupe de cacao.

Préparer le chocolat chaud : dans une casserole, faire bouillir le lait, la crème et le sucre. Verser ce mélange sur le chocolat préalablement râpé. Mélanger.
Préparer le mousseux à la menthe : faire bouillir le lait, ajouter les feuilles de menthe ciselées et ôter du feu. Couvrir la casserole avec un film plastique. Laisser infuser 10 minutes. Passer le lait à travers une petite passoire puis ajouter le cacao amer en poudre tamisé.
Chauffer à nouveau en fouettant vivement pour obtenir une mousse importante.
Dans des verres, verser du chocolat chaud aux deux tiers puis compléter avec du mousseux cacao à la menthe.
Servir aussitôt.

8   25   5   15

LE CHOCOLAT
chaud à la cannelle

50 cl de lait
50 cl de crème fraîche liquide
2 cuil. à soupe de cassonade
5 bâtons de cannelle
260 g de chocolat noir à 60 % de cacao
1 cuil. à soupe de cacao amer en poudre
1/2 cuil. à café de cannelle en poudre.

Dans une casserole, faire bouillir le lait, la crème, la cassonade et les bâtons de cannelle préalablement concassés. Couvrir la casserole avec un film plastique et laisser infuser 15 minutes.
Faire bouillir à nouveau et verser sur le chocolat préalablement râpé en filtrant à travers une petite passoire.
Mélanger le cacao en poudre et la cannelle en poudre puis ajouter ce mélange au chocolat chaud. Mélanger au fouet.
Verser dans des tasses.

160

8 20 5 10

40 cl de lait
60 cl de crème fraîche liquide
Le zeste de 2 oranges
1 cuil. à soupe de miel
150 g de chocolat à 60 %
de cacao
100 g de chocolat au lait.

LE CHOCOLAT
chaud à l'orange

Dans une casserole, faire bouillir le lait, la crème, les zestes d'orange et le miel. Couvrir la casserole avec un film alimentaire et laisser infuser 10 minutes. Faire bouillir à nouveau et verser ce mélange sur les chocolats préalablement râpés en le filtrant à travers une petite passoire. Mélanger. Verser le chocolat chaud dans de jolies tasses.

8 20 5

60 cl de lait
40 cl de crème fraîche liquide
1 gousse de vanille
2 cuil. à soupe de cassonade
250 g de chocolat noir à 70 %
de cacao
1 cuil. à soupe de cacao amer
en poudre.

LE CHOCOLAT
chaud à ma façon

Dans une casserole, faire bouillir le lait, la crème, la gousse de vanille fendue et grattée et la cassonade.
Ajouter le chocolat préalablement râpé dans la casserole. Mélanger au fouet et faire frémir à feu doux pendant 5 minutes.
Verser dans des tasses et saupoudrer la surface avec du cacao amer en poudre.

8 15 5

40 cl de lait
60 cl de crème fraîche liquide
200 g de chocolat au lait
100 g de chocolat noir à 70 %
de cacao
1 cuil. à café de mélange
quatre-épices
1 cuil. à soupe de cacao amer
en poudre.

LE CHOCOLAT
chaud épicé

Dans une casserole, faire bouillir le lait et la crème puis verser sur le chocolat au lait et le chocolat noir préalablement râpés. Mélanger puis ajouter 1/2 cuillerée à café du mélange quatre-épices. Mélanger ensemble le cacao en poudre et le reste du mélange quatre-épices. Verser le chocolat chaud dans des tasses. Saupoudrer le dessus des tasses avec le mélange cacao et quatre-épices.

40 cl de lait
55 cl de crème fraîche liquide
2 cuil. à soupe de sucre
en poudre
40 g de grains de café
200 g de chocolat noir à 60 %
de cacao.

LE CHOCOLAT
chaud au café et à la crème

Dans une casserole, faire bouillir le lait, 40 cl de crème, le sucre et les grains de café préalablement concassés. Couvrir la casserole avec un film plastique. Laisser infuser pendant 10 minutes. Faire bouillir à nouveau et verser sur le chocolat préalablement râpé en filtrant à travers une petite passoire. Mélanger.

Dans un saladier, fouetter les 15 cl de crème restants comme pour faire une crème Chantilly. Il convient cependant de s'arrêter quand la crème est très mousseuse et pas très ferme. Dans des tasses, verser du chocolat chaud au café puis déposer sur le dessus une cuillerée de crème mousseuse froide. Servir aussitôt.

75 g de noisettes
75 g de sucre en poudre
1 cuil. à soupe de miel
40 cl de lait
40 cl de crème fraîche liquide
200 g de chocolat noir à 70 %
de cacao.

LE CHOCOLAT
chaud au pralin

Faire griller les noisettes au four à 180 °C (th. 6) pendant 15 minutes.

Dans une casserole, faire cuire 2 cuillerées à soupe d'eau, le sucre et le miel jusqu'à l'obtention d'une belle couleur caramel. Ajouter les noisettes, mélanger avec une spatule en bois et verser sur une plaque à four préalablement huilée. Laisser refroidir.

Passer au mixeur jusqu'à obtention d'une poudre la plus fine possible appelée pralin.

Dans une casserole, faire bouillir le lait, la crème et la quasi-totalité du pralin. N'en garder que 1 cuillerée à soupe pour le décor. Verser sur le chocolat préalablement râpé et mélanger. Verser le chocolat chaud dans des mazagrans puis saupoudrer avec le pralin.

Servir immédiatement.

TABLE DES MATIÈRES

Tableau des signes — 6
Introduction — 7
LA FABRICATION ET LA COMPOSITION DU CHOCOLAT — 8
LE TRAVAIL DU CHOCOLAT — 10
PETIT DICTIONNAIRE DU CHOCOLAT — 12

Les verres gourmands — 14
La coupe alliance chocolat-café — 14
La coupe blanche à la confiture de rose — 16
La coupe au chocolat noir et sa crème anglaise au poivre
de Sichuan — 18
La coupe exotique — 20
La coupe marron et chocolat — 22
La crème au chocolat au lait au pain d'épice — 24
Le crémeux au chocolat blanc et aux fruits rouges — 26
La fraîcheur de chocolat à la menthe — 28
La nuance au chocolat au lait et au chocolat noir — 30
Le riz au lait à l'orange et au chocolat au lait — 32
Les trois chocolats — 34

Les goûters — 36
Les brownies fourrés à la confiture de lait — 36
Les brownies aux noisettes — 36
Les cookies — 37
Les florentins — 38
Les macarons au chocolat — 39
Les madeleines au chocolat et à l'orange — 40
Les meringues au chocolat — 41
Les brioches fondantes au chocolat — 42
Le cheese cake marbré au chocolat à ma façon — 44
Le cake à la noisette et au chocolat — 45
Le cake à l'orange et au chocolat — 45
Le gâteau au chocolat de mamie — 48
Le marbré pistache-chocolat aux cerises — 50
Le marbré à la vanille et au chocolat — 50
Le moelleux à la noix de coco et au chocolat — 52
La tendresse — 54
Le valencia — 54

Les desserts 56

Les bananes caramélisées à la noix de muscade et
au chocolat 56
La crème brûlée au chocolat 58
Les petits pots de crème au chocolat 59
La crêpe aumônière au chocolat 60
Les crêpes fourrées au chocolat au lait et à l'orange 61
Le crumble chocolat-poire 64
La glace au chocolat 64
La douceur noisette 66
La marquise au chocolat 68
Le millefeuille Filo au chocolat 70
La mousse au chocolat à la crème 72
La mousse au chocolat aux blancs d'œufs 72
La poire fondante au chocolat sur son sablé à la cannelle 74
Les profiteroles au chocolat 76
Les sablés au chocolat aux framboises 78
Le sombrero au chocolat et aux fruits rouges 80
Le tiramisu 82

Tartes et gâteaux 84

Le bavarois au chocolat 84
La bûche de Noël au chocolat 86
Le caprice au chocolat 88
Le croustillant au chocolat 90
La dacquoise au chocolat 92
Les éclairs au chocolat 94
Le millefeuille au chocolat 96
La roulade au chocolat et à l'orange 98
La tarte au chocolat blanc et aux framboises 100
La tarte aux abricots et au chocolat 100
La tarte chocolat « capuccino » 102
La tarte chocolat praliné 104
La tarte moelleuse au chocolat 105
La tarte choux choux 108
La tarte à l'orange et au chocolat 110
La tarte aux noix de pécan et au chocolat 112
La tropézienne au chocolat 114

Les gourmandises 116

Les aiguillettes d'orange 116
Les amandes chocolatées 116
Les amarettis au chocolat 117

Les biarritz au chocolat 120
Les bâtons de maréchaux 120
Les carrés praliné 122
Les cerises déguisées 124
Les croquants au chocolat 125
Les croustilles 126
Les doigts de fée au chocolat 126
Les fraises en costume 128
Les hérissons 128
Les mendiants au chocolat 130
Les muscadines 131
Les palets au chocolat 132
Les palets aux noisettes et au chocolat 132
Les rochers coco au chocolat 134
Les sablés rosace 134
Les sablés roulés 136
Les truffes du jour 138
Les truffes au Grand Marnier 138
Tuiles à la noix de coco et au chocolat 140
Les tuiles au chocolat 140
Les beignets au chocolat 142

Les desserts chauds 144

Les bricks au chocolat 144
La brochette de fruits au chocolat 146
Le croq'olat 148
Le fondant au chocolat 149
La fondue au chocolat 150
Le gâteau coulant chocolat pistache 152
Les raviolis au chocolat 154
Le soufflé au chocolat 156

Les boissons 158

Chocolat glacé 158
Café et son crémeux au chocolat 158
Le chocolat chaud à la menthe 160
Le chocolat chaud à la cannelle 160
Le chocolat chaud à l'orange 162
Le chocolat chaud à ma façon 162
Le chocolat chaud épicé 162
Le chocolat chaud au café et à la crème 164
Le chocolat chaud au pralin 164

Dépôt légal 4ᵉ trim. 2004 - n° 2 896

Imprimé en U.E.